一看就懂的

全图解

张博彬◎著

北京理工大学出版社
BEIJING INSTITUTE OF TECHNOLOGY PRESS

图书在版编目（CIP）数据

一看就懂的出纳全图解：升级版 / 张博彬著. —北京：北京理工大学出版社，2015.10（2017.3 重印）

ISBN 978-7-5682-1024-9

Ⅰ.①一…　Ⅱ.①张…　Ⅲ.①出纳－图解　Ⅳ.① F233-64

中国版本图书馆 CIP 数据核字（2015）第 184299 号

出版发行 / 北京理工大学出版社有限责任公司
社　　址 / 北京市海淀区中关村南大街 5 号
邮　　编 / 100081
电　　话 /（010）68914775（总编室）
（010）82562903（教材售后服务热线）
（010）68948351（其他图书服务热线）
网　　址 / http://www.bitpress.com.cn
经　　销 / 全国各地新华书店
印　　刷 / 北京市雅迪彩色印刷有限公司
开　　本 / 880 毫米 ×1230 毫米　1/32
印　　张 / 7
字　　数 / 184 千字
版　　次 / 2015 年 10 月第 1 版　2017 年 3 月第 3 次印刷
定　　价 / 31.80 元

责任编辑 / 武丽娟
文案编辑 / 武丽娟
责任校对 / 周瑞红
责任印制 / 李志强

目录

第3章 银行事务处理

第4章 如何处理凭证

第5章 复式记账法

第6章 管理好现金才是合格的出纳

第7章 外汇业务的管理

第8章 出纳电子软件的应用

第9章 出纳自己一本账

第10章 出纳必知的日常技巧

使用说明书

《一看就懂的出纳全图解》是一本专门为刚踏入社会的上班族量身打造的通俗读物，全书共分为十章，每章四到六节。为了能让读者由浅入深、简单明了地掌握这些上班族需要的基本知识，也为了节省读者的宝贵时间，本书在内容上尽量将专业知识通俗化，从常识的角度来阐述高深的理论。

大标题

每个篇章都有几个大标题，大标题揭示该篇要学习的知识。每个大标题为初学者揭示了一个知识要点。

前言 引文

对将要学习的知识要点给予简明精要的说明，并对其重要性及其影响因素作说明。

Easy-going

一针见血地指出需要注意的事项，提供一些经验诀窍或相关建议。

小故事

每篇都有几个与大标题相关的事件或小故事，增加初学者的学习兴趣。

7

外汇结算时应注意的问题

外汇的结算工作烦琐而复杂，稍不注意就会产生误差，为了避免在最后做年终结算和财务报告时产生不必要的麻烦，出纳在进行外汇结算时要特别注意那些容易出问题的环节。

外汇收支情况变动表

外汇收支情况是一个国家在一定时间内，用对方可接受的货币币种，同其他国家所结算的各种贸易类和非贸易类的交易款项。通常包括一国居民与另一国居民之间商品、劳务、资本的输出和输入以及资产转移等活动。

小故事

外汇收支情况表的审核

外汇收支情况表的审核一般是会计师受企业委托，对企业外汇收支情况表是否符合国家外汇管理的规定进行审核并给予审计意见。注册会计师在审核过程中，要参照中国注册会计师协会颁布的《外汇收支情况表审核指导意见》。2005 年 1 月 15 日开始，法律规定将包括外汇收支情况表在内的资产负债表、损益表、现金流量表、外汇收支情况表审核报告全部纳入会计报表和年度财务报告之中。

156

在阅读页面上，采用简单、清楚的学习界面，加上图解来辅助解释复杂的概念。此外，在行文中还加上了意味隽永的小贴士板块，可以帮助加深记忆；再加上能让人扩大知识面的More板块，阅读这套书就成了一种享受。掌握这套书的内容，你就能迅速地进入员工角色。

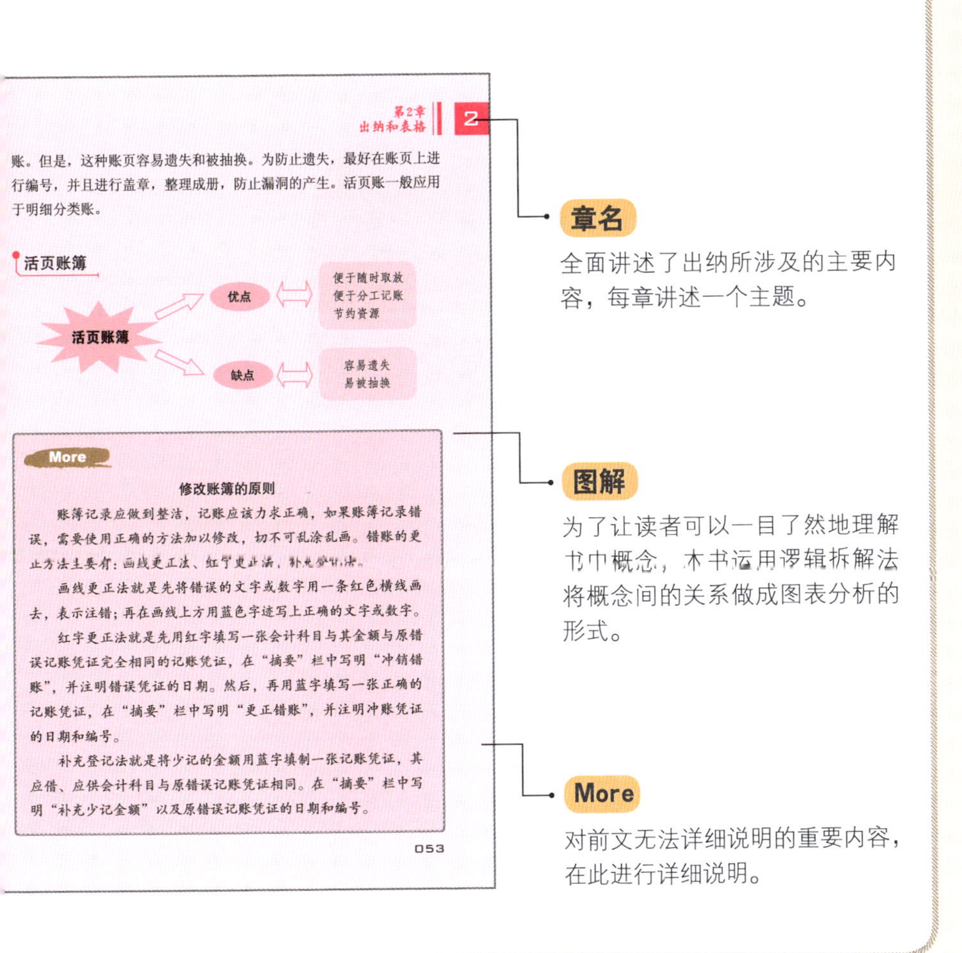
第2章
出纳和表格
2

账。但是，这种账页容易遗失和被抽换。为防止遗失，最好在账页上进行编号，并且进行盖章，整理成册，防止漏洞的产生。活页账一般应用于明细分类账。

活页账簿

More

修改账簿的原则

账簿记录应做到整洁，记账应该力求正确，如果账簿记录错误，需要使用正确的方法加以修改，切不可乱涂乱画。错账的更正方法主要有：画线更正法、红字更正法、补充登记法。

画线更正法就是先将错误的文字或数字用一条红色横线画去，表示注销；再在画线上方用蓝色字迹写上正确的文字或数字。

红字更正法就是先用红字填写一张会计科目与其金额与原错误记账凭证完全相同的记账凭证，在“摘要”栏中写明“冲销错账”，并注明错误凭证的日期。然后，再用蓝字填写一张正确的记账凭证，在“摘要”栏中写明“更正错账”，并注明冲账凭证的日期和编号。

补充登记法就是将少记的金额用蓝字填制一张记账凭证，其应借、应供会计科目与原错误记账凭证相同。在“摘要”栏中写明“补充少记金额”以及原错误记账凭证的日期和编号。

053

章名

全面讲述了出纳所涉及的主要内容，每章讲述一个主题。

图解

为了让读者可以一目了然地理解书中概念，本书运用逻辑拆解法将概念间的关系做成图表分析的形式。

More

对前文无法详细说明的重要内容，在此进行详细说明。

第1章

合格的出纳是好管理的基础

企业离不开管理，管理的重心即财务管理，任何财务管理的行为都离不开出纳的作为。

一个好的企业出纳能够从股市的变动中得知合作公司的下一步行动，在公司业务谈判之前给出充足的相关数据资料，在公司发工资时让所有的员工都心服口服，还能从一些平常的表象中嗅出公司可能存在的危险，对老板言听计从却又能掌控流动资金的支付……

本章教你：

▶什么是出纳？

▶怎样才算一位合格的出纳？

▶想要从事出纳工作具体需要什么条件？

▶出纳的日常工作流程是怎样的？

出纳和出纳人员

出纳是财务会计工作的基础，担负着最基本的资金运作和核算业务，出纳工作的好坏不仅决定着企业财务管理工作的优劣，对企业的经营决策也具有重要影响。企业的任何经济动作，出纳都具有监督和引导的责任和义务。一个优秀的出纳人员，完全可以作为一个企业的灵魂人物之一。

出纳的定义

所谓“出纳”，是指资金的支出和收入，“出”是支出，“纳”是收入。“出纳”是财务会计行业的专业术语。

出纳是一项非常考验人耐心和细心的工作，任何细微的差错都可能造成经济上的重大损失。一个缺乏耐心、做事马虎的人很难成为一名优秀的出纳人员。

通俗地解释，出纳是指企业单位依照《中华人民共和国会计法》（以下简称《会计法》）的相关规定，从事有关现金支付、银行结算、有价证券收支、票据账务核算等业务的工作。另外，企业财务印章和相关票据的保管工作也属于出纳工作的范畴。

从广义上讲，出纳是指任何与货币、票据等有价证券的进出保管、核算相关的工作。具体的工作内容为：首先，出纳最基本的工作是进行现金的收付和银行账目的结算；其次，出纳人员需要负责本单位的财务票据、相关印章、各种有价证券等的妥善保存和管理；最后，本单位的资金流动、经济方案评估、投资预测分析等工作同样需要出纳人员的参与和监督。

《会计基础工作规范》中对出纳工作还有一些限制性规定，要求出纳人员不得兼任会计财务档案的保管工作，不得介入企业财政收支、债权债务的登记工作，不得以任何名义代替专业会计人员进行账务稽核工作等。

出纳人员的定义

出纳人员是指从事出纳工作，担任出纳核算的会计人员。出纳人员既包括专门的出纳，也包括各现金业务工作中的各类收银员。收银员主要办理价值资金的收入工作，同时确保经手的资金和相关票据的安全与完整。不过，收银员处在经济活动的第一线，他们经手的各种资金票据，仍需要专门的出纳人员进行最后的程序核算和总结。

出纳人员的职责和职权

出纳人员履行职责和行使职权需要依据《会计法》《会计人员职权

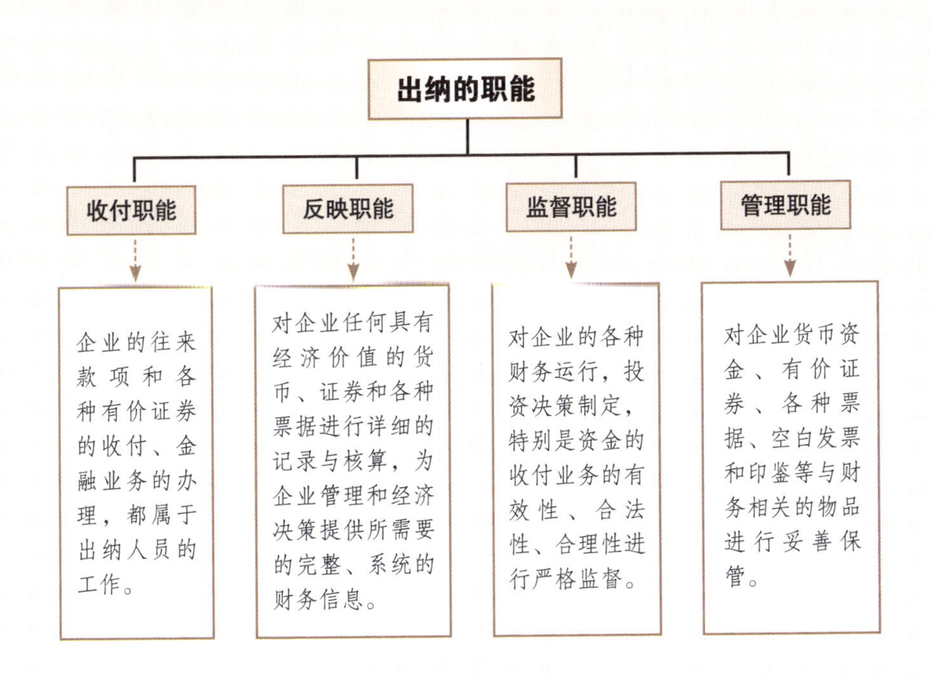

小故事

中国最早的财政体系

我国最早的关于财务职能和系统的记录来自于《周礼》。据书中记载，周朝的财务会计组织结构已经非常详细、复杂和庞大了。整个组织结构中，周王之下总揽王朝财政大权的人是天官大宰，而具体负责进行财务全面核算的官职是司会。其中司会之下又分为司书、职内、职岁和职币。司书掌管账簿，负责财务核算；职内负责全部的财务收入；职岁负责全部的财务支出；而职币则负责账务结余。职内、职岁和职币三者互相制约、互相协调，共同承担国家的财务收支工作。

条例》《会计基础工作规则》等相关法律法规。根据法规，可以将出纳工作内容分为职责和职权两类。

一、出纳人员的工作职责

（一）严格按照国家相关财务制度的规定，办理现金收付和银行结算工作。

（二）办理收付款项，需要严格审查原始资金凭证，并据以编制收付款凭证，逐笔登记现金月记账和银行存款月记账。

（三）按照国家有关外汇管理的相关制度，进行外汇资金的结汇、购汇、付汇等工作。

（四）根据银行存款余额签发票据，不签发空头支票，不准出租、出借银行账户为其他单位办理结算业务。

（五）妥善保管各种资金证券、票据账单和财务印章等涉及财务资金的重要物品。

二、出纳人员可以行使的职权

（一）监督企业资金财务活动，维护金融纪律和财务制度，抵制任

出纳应烂熟于心的八部法规

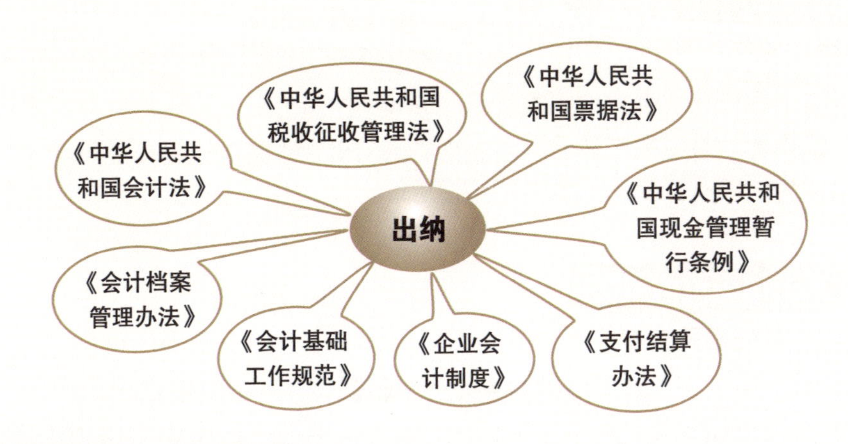

何弄虚作假和账务虚构谎报的行为。

（二）对现金支付规范内的货币资金进行管理，控制现金库存，超额现金要按规定送存银行。

（三）关注资金货币周转和使用情况，对各种资金的使用和投入提供切实的参考意见和建议。

More

出纳“三字经”

出纳员，很关键；静头脑，清杂念。业务忙，莫慌乱；情绪好，态度谦。取现金，当面点；高警惕，出安全。收现金，点两遍；辨真假，免赔款。支现金，先审单；内容全，要会签。收单据，要规范；不合规，担风险。账外账，甭保管；违法纪，又罚款。长短款，不用乱；平下心，细查点。借贷方，要分清；清单据，查现款。月凭证，要规整；张数明，金额清。库现金，勤查点；不压库，不挪欠。现金账，要记全；账款符，心坦然。

出纳的企业角色定位

任何企业的运行，都需要完整健全的企业制度和人事体系。现代企业体系一般都有着完整的结构，而出纳正是该结构的重要组成部分。

出纳职位的设置

我国法律对于企业设置专门的财政职能部门有明确的规定。《会计法》第三十六条规定：“各单位应当根据会计业务的需要设置会计机构，或者在有关机构中设置会计人员并指定会计主管人员；不具备设置条件的，应当委托经批准设立从事会计代理记账业务的中介机构代理记账。”法规内容对于各企业出纳人员的设置没有硬性规定，企业可以视自身情况而定。

企业出纳人员的数量取决于需要办理的出纳业务数量和繁简程度。规模不大的企业，可以设置一名出纳人员，或者聘请兼职出纳人员。但是需要注意的是，无论是专职还是兼职的出纳人员，均不得插手收支、债权债务的账目登记工作，以及会计档案的保管和稽核工作，以防出现监守自盗等不法行为。一些规模较大的企业，可以根据不同的职能，设置多名出纳人员，比如设置负责现金结算的出纳人员、负责银行结算的出纳人员、负责员工工资发放的出纳人员等。

Easy-going

企业如果拥有两名或者以上的出纳人员，就必须分工明确，实行岗位责任制，务必保证每位出纳人员工作明确、责任清晰。人员工作分工可以依据企业管理的要求进行安排，比如：可以根据不同的银行或者银行账户进行分工，或者按照出纳工作的步骤进行分工。

出纳人员与会计主管的角色关系

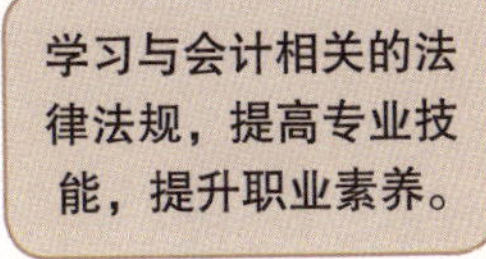

出纳和会计之间的关系

企业的核心是财政机构，而财政机构的支柱是会计。出纳工作是企业会计财务工作的一部分，处于企业资金运转的会计操作循环之中。

企业财务工作人员可以依据其分管的财务账簿类别进行职能划分，分为总账会计、明细会计和出纳，这三种职能之间既有分工又有协作，既有区别又有联系。

一、总账会计、明细会计和出纳的分工

总账会计是企业整个财务业务的总揽，负责企业所有账目的汇总和核查，监察各个财会部门的资金往来情况，为企业的经济管理和决策提供全面概括的资料；明细会计分管企业的明细账，为企业经济管理和决策提供明细分类核算资料，职能相对于总账会计更细致专一；出纳则负责企业的货币资金、有价证券、各类财会物品的保管和核查工作，为企业提供有关资金运作状况的信息。

从各自的职能上看，总账会计和明细会计都是管账不管钱的，而出纳则不得负责资金的收支、各种费用债权的账目登记工作，不得监管账务档案和进行账目稽核。

二、总账会计、明细会计和出纳的协作

三者之间具有密切的联系，相互依赖又相互制约。

总账会计、明细会计和出纳三者进行财务核算的时候，都需要依据原始凭证和记账凭证，这些凭证在三者之间进行传递。出纳的现金和银行存款日记账与总账会计的现金和银行存款总分类账，总分类账与其所属的明细分类账，明细账中的有价证券与出纳账中相应的有价证券，在数值金额上应该是相等的，这就表示总账、明细账和出纳账三者相互制约，互为牵制，共同确保账目核算清晰正确。

在企业财务运作过程中，除了出纳人员外，其他财务人员都是管账不管钱的。

会计资格证的获取流程

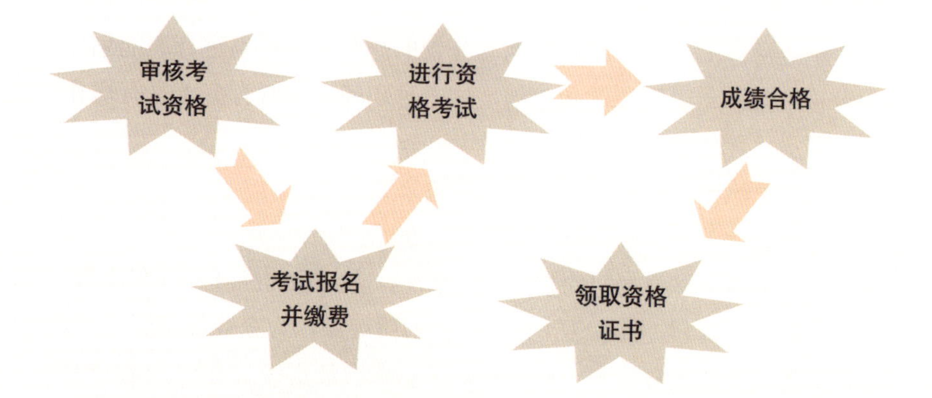

出纳工作是特殊的财务工作

出纳是企业财务工作的重要职能组成部分，这不仅是因为企业的经济循环运作离不开财务工作人员，还因为出纳工作本身就是一项非常特殊的财务工作。

一、出纳核算是一种特殊的明细核算

出纳核算的内容是指对现金日记账和银行存款日记账两个主要部分的核算。现金日记账要进行日结算，然后与库存现金数额进行核对；银行存款日记账也要在一定时间内进行结算，然后与银行账目进行核对。两者都需要月末进行结账，而且两者都需要经常进行总结、出具报告单，与总账和明细账中的关于现金和银行存款的相关内容进行比对、核算、检查。

二、出纳工作直接参与企业的经济活动

企业物资的购销过程必少不了物资货款的结算，而这项内容就是交由企业出纳直接负责完成的。企业员工的借支和报销程序、业务往来的各种款项的收付、有价证券的经营处理等工作，更是需要出纳人员的直接参与。也就是说，出纳工作不可避免地要介入到企业的财务经济循环运作过程中，并且对其实施监督。这是其他财务会计工作所不具备的一个显著特点。

More

对出纳钱账不分离的监管

出纳工作的主要内容是对货币现金、银行存款和各种有价证券的收支结算，各种财务物品的保管，以及银行账户存款的监管。这就要求出纳人员既要进行账务处理，又要掌管货币现金和各种有价证券等资金实物。但是这并没有违背财务管理的“钱账分管”原则，因为出纳负责的账务是一种特殊的明细账，只是为其工作提供一定的简易服务，会计总账和各类明细账中还有关于现金、银行存款、投资债券等的相应总分类账，可以掌控出纳保管和核算相应项目的资金额度，这些才是需要重点监管和审核的企业财务账目。

出纳的基本要求

出纳人员每天都要和金钱打交道，如果没有严格的企业规章制度和自律自制的道德品质，是很难做好出纳工作的。出纳人员必须熟悉各种会计财务法律法规政策，并且具有细致耐心、踏实务实的工作态度，熟练准确的业务技能，廉洁奉公的职业道德和顾全大局的集体合作意识。只有出纳人员正确顺畅地行使自己的职权，才能确保企业平稳持续地运行。

出纳工作的基本原则

《会计法》第三十七条规定："会计机构内部应当建立稽核制度。出纳人员不得兼任稽核，会计档案保管和收入、支出、费用、债权债务账目的登记工作。"所以，出纳工作的基本原则是内部牵制原则，或者称为钱账分管原则。

所谓钱账分管原则，即凡是涉及款项和财务收支、结算及登记的任何一项工作，必须由两人或两人以上分工办理，以起到相互制约的作用。比如：企业向员工发放工资的过程，由会计总领企业的财务工作，审核工资发放表，然后由出纳负责具体的发放工作，记账人员记录账目变动。

钱账分管原则，可以促使财务人员互相监督、相互制约。而且，财务账目经过几个人的反复核对，可以有效防止工作差错和营私舞弊等不

出纳行为的特点

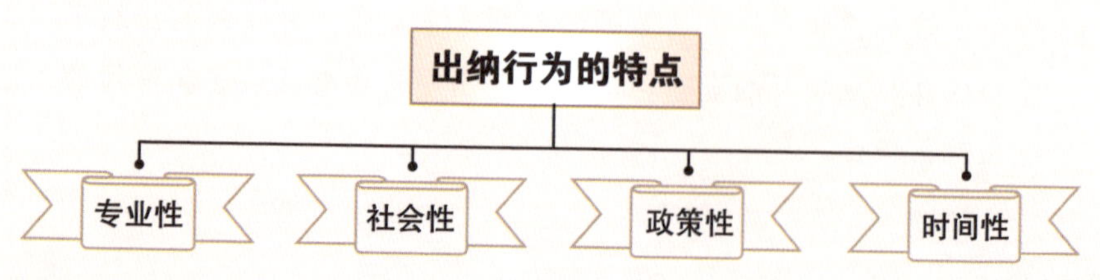

法行为，保护企业集体财产的安全。

出纳人员的专业技能要求

任何工作都需要一定的专业技能，出纳工作尤其如此。出纳是一项对专业基本功具有较高要求的工作，如果基本功不扎实，很容易在工作中出现失误，甚至给企业造成经济损失。

我国现在还没有专门的出纳资格认证，工作人员在取得《会计从业资格证》之后才有资格从事出纳工作。

出纳人员需要具有一定的财务会计基础知识。出纳人员需要认识各种账簿、票据存根、发票证明等，需要能够准确完善地填写企业所需的表单和文件，还需要能将各种票据资料根据类别进行整理，然后装订保存。

出纳需要很高的数字运算能力。因为出纳工作中的数字运算往往是即时性的，出纳人员需要当场得出计算结果，然后收付现金或者开具票证。所以，出纳人员不管是使用心算、算盘、计算器还是别的计算工具，都要求其计算过程必须高速、准确和精确。

出纳需要巧手。无论是利用工具进行计算，还是清点钞票、票据等，都需要出纳人员的动作必须快速灵巧。“勤能补拙是良训，一分辛苦一分才。”只有通过勤奋的苦练，才能拥有高效的出纳操作技术。

出纳需要一笔漂亮的手书。各种单据票证的填写都需要由出纳人员来完成。见字如人，一张书写工整、填写齐全、文字清晰规范的单据最能反映出纳所具备的优秀工作能力。整齐漂亮的汉字书写必不可少，各种阿拉伯数字的规范使用也不能忽视。

出纳人员的工作态度要求

出纳工作需要严谨耐心和踏实务实的工作作风，而工作作风是员工在工作的过程中慢慢培养并塑造成型的。

一个优秀的出纳人员首先必须足够耐心细致，面对众多繁复的数字和条目，要一点一点认真处理，不毛躁，不马虎，这样才能更好地完成工作内容；其次，优秀的出纳人员需要有专注的集中注意力，可以不被外界因素干扰，踏实地进行本职工作，避免任何差错的产生；最后，在面对突发的复杂事件时，出纳人员要足够冷静，避免忙中出错，还要足够机变，可以在最短时间内做出正确反应。

出纳人员的安全意识要求

因为每日要经手大量的货币资金和各种具有经济价值的票据、印鉴、账务等，所以，出纳人员必须具有相关的安全意识。出纳工作位置的各个抽屉、资料柜和办公室门，要及时关闭落锁，不给不轨之徒可乘之机。如果发生公共财物失窃，出纳人员还需要认真协助公安部门进行侦查取证。

出纳人员的其他职业要求

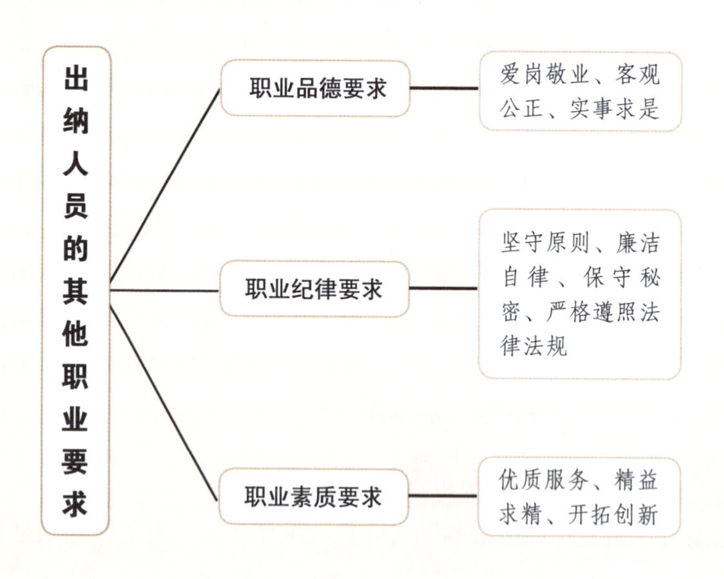

出纳的日常工作

出纳的日常工作是指按照国家财政部门的相关规定，进行货币资金的收支管理和核算监督、往来业务结算、职工工资的核算和发放。企业可以视自身规模的大小设立一名或者多名出纳人员，以进行日常财务的管理工作。

货币资金核算

货币资金核算是出纳人员每日都要进行的重要工作，具体内容可以分为：现金收支、银行业务结算、登记日记账、保管相关财务物品和复核账务票据。

Easy-going

企业现金收支工作应做到五不准：不准打白条、不准私存公共现金、不准私设小金库、不准谎报套现、不准挪用银行账户。

一、现金收支

出纳人员应该严格遵守国家相关的财务制度规定，根据有效的收付款凭证，办理资金的收付工作。对于数额较大的资金往来，需要有会计主管人员和企业负责人的审核签字才能执行。出纳人员完成收付款工作后，需要登记记录，签章。

二、银行业务结算

出纳人员进行有关银行的业务往来时，需要使用支票等有价票据，如何正确规范地使用票据就显得非常重要。有效的财务支票上需要有明确的收款单位名称、款项用途、签发日期、资金使用限额、有效报销期限、签发人的签名印章等。逾期、作废、遗失的支票需要进行正确的处理和保管。

三、登记日记账

财务工作需要日清月结，所以出纳的日记账工作非常重要。出纳人员需要逐笔登记每日的资金往来，并结算余额，同时对各种往来账目进行核对检查，确保账目余额和现金的实际余额相符合，对未完成的资金往来进行跟踪查询，督促其尽快结讫。还要随时关注银行存款余额，避免签发空头支票。

四、保管相关财务物品

出纳人员需要保管库存现金、有价证券、相关印章和各种支票。对于企业手头的现金，应遵守制度规定掌控限额，超出部分及时送存银行。不得挪用现金或进行拆借。对于空白支票和收据要专门登记管理，签发支票的有效印章需要由出纳和其他财务人员分工合力保管，不得随意签发支票或报销收据。

五、复核账务票据

在进行结算统筹时，需要根据相关凭证和合同，进行审查和结算，对于各种业务往来款项的复核，如果发生资金的收付纠纷，要通知负责领导，向有关部门进行反映，以便及时进行合法的应对和处理。

往来业务结算

出纳人员需要进行的往来业务结算包括现金结算、各类财务票据的

出纳现金日记账

现金日记账

年		收款凭证		摘要	贷方科目			收入合计	支出合计	余额
月	日	字	号		银行存款	其他应收款	营业外收入			

复核和年终财务申报总结等内容。

一、现金结算

企业的现金结算包括企业内部的款项结算、本企业和其他企业间

的财务往来、企业和银行之间的资金流通和其他小额的款项结算。企业对于现金结算需要完善的管理制度和统筹安排：对于已经审核通过，确定需要支付的资金不得拖欠，或者挪作他用，杜绝打白条的行为；对于无法按时收回的账款，要及时向相关负责人报告，寻求法律部门进行干涉；对于企业的备用金，需要按照相关制度留存定额，超出的部分及时送存银行，避免资金流失；对于已经完成的业务往来，按时进行复核审查，以防出现账务漏洞。

二、其他账目往来结算

除现金往来外，出纳人员还需要按时对其他账目进行审查和整理，对企业单位和单位个人分别设立独立的账目明细，每笔资金往来都要进行详细登记，以待日后复核和查证。出纳人员应该经常查对现金和银行账户的余额，避免空头支票、错账的出现。年终财务总结的时候，出纳人员需要提供完备的账务资料，并向相关部门进行报告。

员工差旅费的借支报销流程

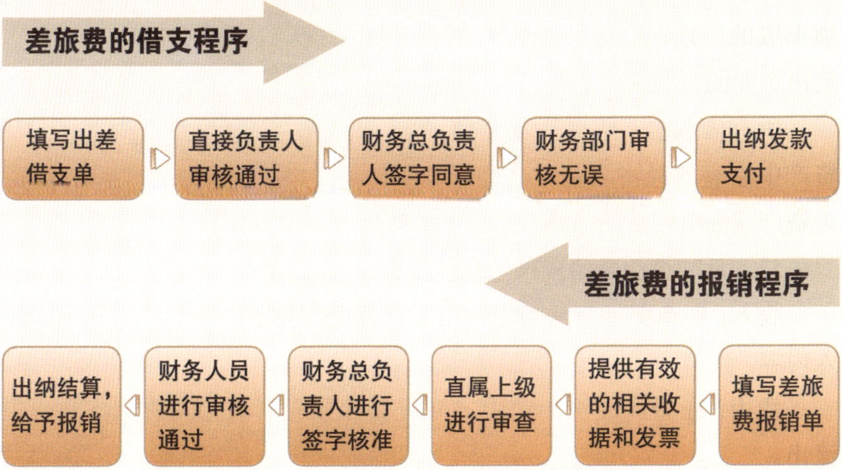

差旅费的借支程序

填写出差借支单 → 直接负责人审核通过 → 财务总负责人签字同意 → 财务部门审核无误 → 出纳发款支付

差旅费的报销程序

填写差旅费报销单 → 提供有效的相关收据和发票 → 直属上级进行审查 → 财务总负责人进行签字核准 → 财务人员进行审核通过 → 出纳结算，给予报销

出纳应掌握的会计学知识

出纳工作是企业财务会计工作中的重要部分，如果要从事出纳工作必须具有相应的专业会计学基础知识。目前，我国对于出纳人员的从业资格认证，仍包括在会计资格认证的范围中。

会计要素

会计在企业中负责企业经济活动的记录、核算、监督等工作，为企业相关负责人提供专业、系统的各类经济信息。会计要素是会计工作的基本内容，根据其反映的经济内容的不同，可以分为以下两种。

一、反映企业财务状况的会计要素

资产：企业过去的交易或事项形成的，由企业拥有或控制预期会给企业带来经济利益的资源。

负债：企业过去的交易或事项形成的，预期会导致经济利益流出企业的现时义务。

所有者权益：所有者在企业资产中享有的经济利益，其金额为资产减去负债后的余额。

Easy-going

一般在同一个公司中，会计比出纳的数量少、地位高、权力大，在制度上，往往是出纳向会计负责，接受会计的工作指导。

二、反映企业经营成果的会计要素

收入：在企业经济活动中，与所有者投入资本无关的经济利益的流入内容。

费用：在企业经济活动中，与所有者分配利润无关的经济利益的流出。

利润：企业在一定期间内的经营成果，包括收入减去费用后的余额，以及直接记入当期损益的所得和损失。

会计科目

会计科目就是对会计对象的具体内容进行分类核算的项目。根据其涉及内容和详细程度可以分为总分类科目和明细分类科目两种。

> **Easy-going**
>
> 会计科目还可以按其所属会计要素的不同，分为资产类、负债类、所有者权益类、成本类和损益类五种。

总分类科目又称为总账科目，是对会计要素具体内容的总括，比如：应收账款、原材料等。总账科目一般是由权威财政职能部门统一制定的。

明细分类科目又称为明细科目，是对总分类科目作进一步分类，并提供更详细、更具体的会计信息的科目。比如：某个债务人的应收账款、某日的现金支出等。明细科目是企业根据其管理需求和业务内容自行设置的。

总账科目概括地反映企业的经济状况和信息，明细科目则可以反映某个具体的会计对象。总账科目对明细科目有总控作用，明细科目是总账科目的补充说明。

会计要素关系

会计要素是对会计对象所作的基本分类，也是会计核算对象的具体体现。我国《企业会计准则》规定会计要素包括：资产、负债、所有者权益、收入、费用、利润六个方面。

在不考虑某些因素调整的情况下，一定时期之内，企业的总收入，扣除期间所产生的各项费用，最终所得的结果就是企业利润。这是财务人员编制利润表的根本依据。

企业资产包括所有者投入的资本总和、债权人的借入资金以及企业自身所产生的经济效益。企业资产和权益是对等的，即企业资产就是所有者的权益和债权人的权益。这是复式记账法的理论基础，也是财务人员编制资产负债表的根本依据。

会计恒等式

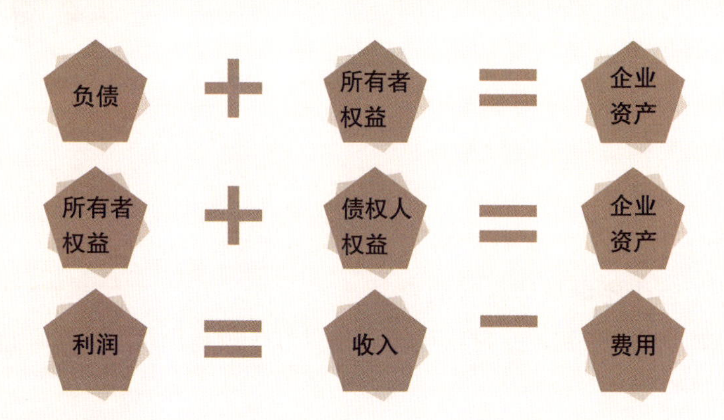

账簿知识

账簿是由具有一定格式而又互相联系的账页所组成，用以全面系统地、连续地记录各项经济业务的簿籍。任何从事财务工作的员工都必须熟悉了解设置和登记账簿的各项知识。

账簿按照其性质和用途可以分为日记账、分类账和备查账三种。按照其外在形式可以分为订本账、活页账和卡片账三种。

凭证知识

凭证是进行某项经济业务时或业务完成后，制作和填写的用以记录和证明该业务发生或完成情况，明确经济活动各方责任的一种具有法律效力的凭据。经济活动的原始凭证是进行财务会计工作的重要资料和依据。

原始凭证按照其来源不同，可以分为外来原始凭证和本企业自制原始凭证两种。

电算化知识

会计电算化技术是指利用现代电子和信息科技替代原始手工进行会计工作的员工职业技能。现代企业主要是应用电子计算机来进行财务记账、算账、报账，以及经济信息的分析和处理工作的。

会计电算化必须符合《会计法》的相关规定和条例，要求电算化使用的软件、会计科目和账户的设置、凭证的填制和审核、账簿的登记和修改、报表的编制和填写等会计工作内容必须符合国家统一的会计制度的规定。

会计电算化的操作需要从事财务工作的人员必须具有专业的操作技能，出纳人员主要负责数据的输入和记录，还需要定期进行内容复核。使用电子数据保存，需要每日进行备份归档，以确保其完整性和准确性。

财务的计算机处理需要设置和认证相应的操作权限，除该岗位的工作人员和数据维护人员外，任何人未经授权都不得擅自进行数据改动。已经保存的电子会计记录必须经过相应负责人的授权，才能按照既定的手续和步骤进行修改，该操作过程还要详细记录在案，以备日后查证。

More

会计凭证的保管工作

任何企业和单位都必须对其财务会计凭证进行安全妥善的保管。首先，需要将各项财务凭证进行分类整理，装订成册；然后在封面上标明该凭证的名称、编号和时间，并由相关负责人签字盖章；最后交由专门的负责人员进行保管储存，超出规定期限的凭证要依照法律程序进行销毁。

凭证在保管期间不得外借，如果有特殊原因需要使用原始凭证，可以在财务负责人批准后进行复制。使用复制凭证进行财务登记，也需要有提供人员和收取人员的签名盖章。

第2章

出纳和表格

作为一名出纳人员，不可避免地要与货币资金、票据、有价证券等打交道，并且在打交道的过程中为了使账目更加明晰，就必须要有表格以使账目一目了然。那么，究竟什么是出纳表格呢？出纳表外延和误差又是什么呢？本章将对以上问题一一解答。

本章教你：

- 什么是出纳表格？
- 出纳表格中的关键数据是什么？
- 如何确保出纳表格的精确度？
- 如何处理出纳表格的误差？

做出纳需要掌握的表格

记账通常需要日记账表格；企业统计盈亏，需要用到损益表；统计每个员工的工资信息，常常会用到工资表；统计收支费用会用到财务明细表……因此，作为一名出纳人员，必须掌握各种表格知识，这是做好出纳工作的前提条件。

日记账

日记账是每天按照时间的先后顺序而记录的账本。如同日记一般，它是出纳人员根据办理完毕的收款凭证和付款凭证，每天随时随地按照业务发生的先后顺序进行记录的一种账簿。日记账一般分为现金日记账和银行日记账。

现金日记账就是出纳人员依据时间顺序所做的现金余额登记。在出纳人员核算出现金日记账最终余额之后，还要与最终的余额数目相对照，以确定最终账目的正确性。其计算公式如下：

本日余额 = 前日余额 +（本日收入 − 本日支出）

作为出纳千万要注意，收入或支出一定要入账，每日的钱一定要与账目相符，发生日期一定要记牢，否则就不是日记账了。

银行日记账是由出纳人员根据审核之后的有关银行存款、收付款的票据或凭证按照时间顺序做出记录的账单。通俗来说，对银行本日有多少人存款，又有多少人取款，两者之间的收入和支出以及差额的记录账单就是银行日记账，银行日记账的计算公式为：

本日余额 = 前日余额 +（本日存款数目 − 本日取款数目）

做出银行日记账，有利于出纳定期同银行账单进行逐一对照。普通日记账可以采用账户两栏式，也可以采用金额两栏式，常用的是金额两栏式，因为它使用起来更加简便易行。无论是现金日记账，还是银行日记账，都必须使用定本式账簿，不能够用银行对账单代替日记账。

日记账样式（举例）

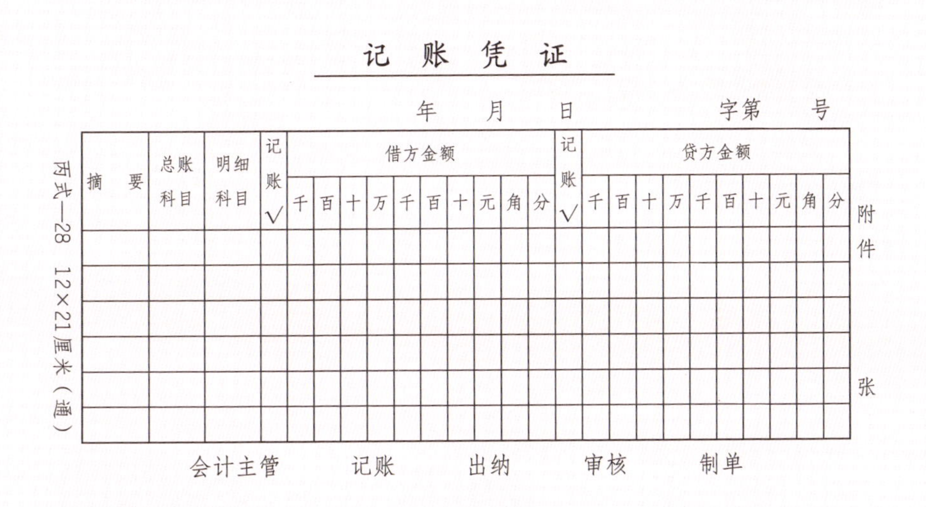

记　账　凭　证

年　　月　　日　　　　字第　　号

丙式—28　12×21厘米（通）

摘要	总账科目	明细科目	记账√	借方金额										记账√	贷方金额									
				千	百	十	万	千	百	十	元	角	分		千	百	十	万	千	百	十	元	角	分

附件　　张

会计主管　　记账　　出纳　　审核　　制单

损益表

损益表是反映一个公司在一定时期内收入、费用和利润状况的表格。损益表又称利润表，反映企业在一定时期的经营状况，报表的结果就是公司实现的利润或形成的亏损。

损益表究竟有什么作用呢？损益表是企业经营成果的晴雨表，可以用来评价一个企业的经营效率，综合反映企业生产经营的各个方面，还可以反映生产经营的进度和工作的完成量，进而评价企业经营业绩。

损益表有助于解释、评价、预测企业的财务能力，企业通过报表可以了解各种预期的资金来源，可以预测股息和利益，甚至可以预测资金流量。

损益表还有助于企业领导层的最终决策，甚至在一定程度上充当考核员工绩效的标准。损益表上的许多数据与多数员工的切身利益息息相关。国家的税收、员工的奖金、各级职位的提升、工资、福利、股息分红等直接与损益表的数据挂钩，所以在一定程度上，损益表的地位是非常高的，损益表是最重要的财务报表。

出纳人员通常根据收入确认原则和配比原则来确定最终的费用，计算损益表中的利润和亏损。

损益表的作用

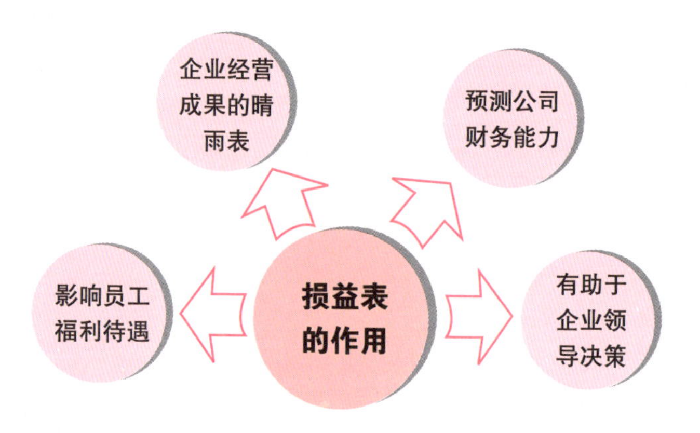

工资单

工资单是用来统计员工各项工资收入的表格，是所在单位定期给员工反映工资的表格，具体包括员工工号、工作部门、姓名、基本工资、奖金、加班费、各项补贴金、应发工资合计、应扣养老金、应扣医保金、应扣失业金、应扣病事假工资、代扣个人所得税、扣款总计、实发工资。有些单位工资单上还写有员工的入职日期，可以更加清楚地计算员工个人工龄，进而推算工资水平。

工资表经过审核之后，出纳人员会根据表上的数目提取现金，组织发放。但是，必须有领款人的签字或盖章，才能最终确定工资的发放。在工资发放完毕后，要把工资计算表装订好，注明凭证编号，以便妥善保管。

工资收入一向是谈话中的大忌，一般情况下不要随便提及。

在工资发完之后，最好进行工资核算，然后根据部门的要求，编制工资总额报表。

随着时代的发展，现代社会出现了一种新的工资表，即电子工资表。它主要以电子邮件、手机短信、Web页面为载体，能根据工资表自动生成，群发到员工的邮箱内，并且可以随意改动参数，这样既能节省发送时间，又能节约纸张，更重要的是克服了纸质工资表制作麻烦、保密性不好的弊端。可以预见，随着网络的发展，电子工资表必将取代传统的纸质工资表。

工资单模板

部门：　　　　　　　　　　　　　　　　日期：年　月　日

员工编号	姓名	基本工资	加班费	奖金	补助	特岗	绩效	补助	扣除项		实发工资	入职日期
									迟到	病假		

明细表

明细表是用来统计各项收入或支出的具体项目表，因具体到每个细节而得名。

经费支出明细表的作用

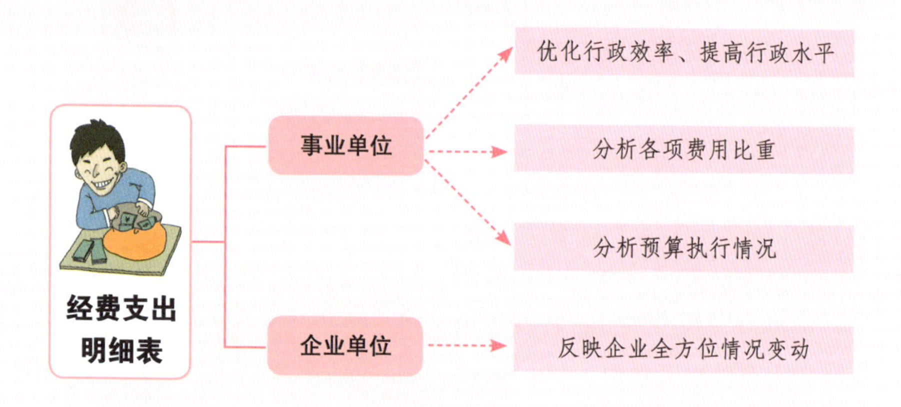

在企业内部，最常见的是财务明细表。财务明细表反映了企业在一定时期内的构成情况和财务费用，用来统计财务的变动情况以及构成部分，考核各项财务的支出计划、执行情况。

在行政单位，最常见的是经费支出明细表，它是反映行政单位在一定时期内财务预算的报表，是考核单位财政支出的依据。利用经费支出明细表，可以做到三方面的分析：分析单位一定时期的预算执行情况；分析各项费用的比重；利用财务明细表进行纵向比较，将本年度的财务状况和历年相比较，可以考察财务收支趋势，得出结论，分析增减变化原因，从而有利于优化行政效率，提高管理水平。

More

出纳所需要接触的表格大全

出纳需要掌握各种表格知识，常见的出纳表格主要有：公司各项资金管理审批权限表、缴款单、现金申领单、借款单、支票使用登记簿、差旅费报销单、票据交接清单、支出证明单、支票登记单等。掌握各种出纳表格，是做好出纳工作的前提。

各种表格中的关键数据

作为一名出纳，就不可避免地要同各种出纳数据打交道，这就要求出纳对数据有较强的敏感度。在出纳学中，对数据准确度的要求是相当严格的。

总结

出纳人员办理资金收支业务有其固有规律，按照相关规定处理业务，才能保证出纳工作的高效完成。出纳总结是出纳工作流程中一个不可或缺的要素，做好出纳总结可以使工作环节更加清晰明了。从表面上看，一份出纳总结就像一本流水账，但是要知道，做好出纳总结就相当于在做一份任务规划书，能够让出纳工作者在执行计划时做到井井有条，从而提高工作效率。

一份完整的出纳总结也是对出纳者个人工作的总结，可以从中总结经验得失，进一步提高工作效率。

小故事

学做总结，增长经验

小文上学时学的是会计学专业，并且在学校成绩优秀，但是毕业后从事出纳工作却不是很顺利。偶然的机会，他向一位老出纳请教其中的缘由，老出纳听后向他问道："你每天写出纳总结吗？"之后，小文每天坚持写出纳总结，并且将学校中学到的会计知识和工作相结合。半年后，小文成为一名优秀的出纳，还获得了职位提升。

出纳工作总结报告

从2012年5月入职以来，我一直在从事出纳工作，在公司同仁的帮助下，我本年度主要完成了以下工作任务：

1. 办理现金收付
2. 现金存取
3. 办理各项银行结算
4. 日清月结，登记日记账
5. 保管库存现金
6. 办理付款通知手续
7. 认证发票
8. 办理新员工工资卡
9. 制作每月财务凭证
10. 财务系统录入
11. 日常5s工作
12. 填写统计报表
13. 负责购买核销单
14. 办理领导交付的临时性任务

有付出就有回报，在这段工作时间内，我逐渐加深了对出纳的了解，通过总结出纳工作，我找到了自己的优势和不足，在今后的工作中，我会加倍努力，不断提高业务水平。

2012年12月10日
出纳人：张娜

同比增长

同比增长是一个财经专业术语。年度同比增长，指的是本年度和上一年度同时期相比，所增长的幅度。一般用来表示本年度和去年相比的增长幅度。同比增长率的计算公式为：

同比增长率 =（本期数－去年同期数）÷ 去年同期数 ×100%

比如说去年3月份的产值是100万元，今年3月份的产值是300万元，同比增长率为：

（300 － 100）÷100×100% =200%

还有一个专业名词叫做环比增长率，这也是出纳学名词，但是基期不同，同比增长率是与历史同时期相比较，环比增长率是与上一段时期相比较。比如，2014 年 2 月与 2013 年 2 月相比，叫做同比；2014 年 6 月与 2014 年 5 月相比，叫做环比。

环比计算方法有环比增长速度和环比发展速度两种。

环比增长速度 =（本期数 − 上期数）÷ 上期数 ×100%

环比增长速度反映本期比上期增长了多少。

环比发展速度 = 本期数 ÷ 上期数 ×100%

环比发展速度反映本期比上期增长多少。

小故事

某钢铁集团的同比增长率的计算

2014 年中国钢铁集团 2 月份的钢材产量为 4 000 万吨，2015 年 2 月份的钢材产量为 4 500 万吨，则 2010 年 2 月中国钢铁集团钢材产量同比增长了：

（4 500 − 4 000）÷4 000×100%=12.5%

正负号

每个行业都有专业的学问。出纳作为会计学的一部分，也有它独特的专业符号。财会报表离不开正负号，有些粗心的出纳员使用正负号不够规范，会直接导致报表数字失去准确性，报表中的“+”号一般可以省略不写，但是“－”号一定不能省略。有些报表中印有“减”字，该项数字前面就不能再加“－”号。

出纳分录数据通常会使用正负号，一个科目为正数，另一个为负数，正数表示借方，负数表示贷方。

还有一种情况，正负号分别出现在数字的后面，则表示多于或少于。例如，¥5 000+ 表示多于5 000元或最低限度是5 000元；¥5 000 −表示少于或不足5 000元。

正负号的使用，可以起到简化出纳核算的作用。

汇兑损益正负号代表收益或损失，可以区分是资产还是负债。如果是资产，那么财务费用，即汇兑差额的负号表示汇兑损失，表示未来现金流入的较少。如果是正号，表示收益，未来资金流入的较多。如果是负债，则恰好相反，即汇兑差额的负号表示汇兑收益，未来资金流出的少，汇兑差额的正号表示损失，未来资金流出的多。

More

出纳所需接触表格大全

会计员、出纳员在填写记账凭证的时候，通常会使用约定俗成的符号：

V表示记账已完成或者已核对，填在凭证金额右边或者余额边的方格内。

¥表示人民币，其实就是表示多少钱。

@表示单价。

△表示复原，是将原来的数字画红线或者进行文字修改后，发现修改的是错误的，原来的是正确的，而又想恢复原貌所作出的符号，最好用红墨水写此符号，以便于区分。

□表示财政赤字，多用在书刊上。

#表示编号的号码。

※表示对具体数字另加说明。

Σ表示多笔数目的合计，即所有项目加起来的总和。

表格的精确度：小数点

小数点事关数值的精确度，如果在小数点的问题上出现了错误，将会后患无穷。

小数点的对称位置

出纳人员在处理数据时，需要格外小心，比如一个 1 000 元的账目，假如因为看错了数字个数，误以为是 10 000 元，就会导致严重的后果。

超市经常打折，作为写物价牌的工作人员就得尤其注意物价牌上要写的小数点位置，并尽量确保小数点的清晰度。比如 99.99 元，如果顾客一不小心看错了小数点，以为是 9 999 元，就会打消买该商品的念头。

一般来说，在出纳表格中，需要确保数字中个位处于对称位置，比如资金额数到四位，那么需要保留小数点后三位。

小故事

致命的小数点

中国有句古语："失之毫厘，谬以千里。"如果算错了小数点，或者看错了小数点，将后患无穷。美国有一位老人，靠政府发放的养老金度日，生活比较穷困，平日也是省吃俭用。一次他做完手术后，医院通知单上写着欠款金额 84 360 美元，他看到后突发心脏病，当场丧命。医院后来发现，由于出纳员不小心，打漏了小数点，把 843.60 打成了 84 360，结果导致老人丧命。

长串数字的写法

想必大家都会书写数字，但是对于出纳者来讲，数字书写是有讲究的。

随着社会经济的发展，我们不得不与数字号码打交道，我们身边常见的身份证号码、手机号码、银行账户号码等，都需要我们记忆并书写。人们不假思索地把自己的身份证号码、手机号码、银行账号连在一起读写，不知有多么困难。尤其是对于那些年龄较大的人来说，记忆这些数据就更加困难。

但是，长串数字并不像想象中那么难记，在国外，人们用分组和加辅助符号的办法来记忆长长的数字串。比如2201045805151129这个数字串，就可以分组记忆，先记忆2201，接着0458，再次0515，最后1129，所以，一个看似很难记忆的长串字符就这样被记住了。同理，作为出纳者，在书写长串字符时，也需要遵循此法。

记忆长串数字，通常需要技巧，在实践中人们总结出诸如谐音法、联想法、地点桩定位法、矩阵编码法等技巧。

除九法

除九法，是分析错误账目的一种方法，指将账与账之间的差额除以九，如果能被除尽，就根据所取得的商数分析错误账目的原因。除九法能够查找因数字错位和邻数倒置两种原因引起的错账。

一、记错位数的账目

出纳人员在记账时将金额记错位置，无论是多记还是少记，最后的差额必然是较小数的九倍。最常见的就是，将十位记为百位，千位记为百位，例如40元误记为400元，使用除九法，用400减去40得出360，再用360除以9，得出最终的正确数字40。

二、金额相邻的数字记录错位

金额相邻的前后数字颠倒，由此产生的金额除以九，也能被九除尽。如将 45 记为 54, 123 记为 321，其差额除以 9，都能被除尽。

如将 68 记为 86，两个数字颠倒后，个位变成了十位，十位变成了个位，其差额是 18，是 9 的 2 倍，如果前小后大，被颠倒后变成了前大后小，正确数与错误数之间是一个负数，这个差额除以九，所得也是一个负数。68 减去 86 等于-18，除以 9 商为-2，那么相邻颠倒两个数字的差值（6-8）为数字-2。

除九法的运用

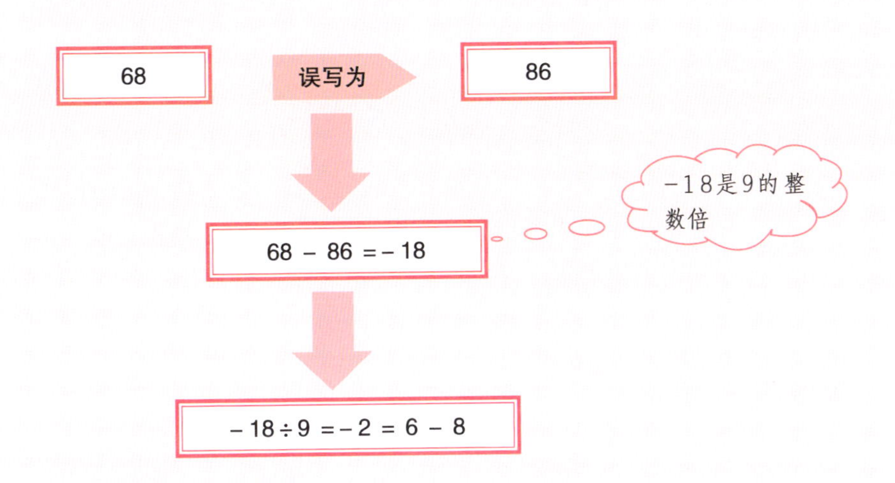

小数点消除方法

如果让你买萝卜，结果你买成了大葱，这无关紧要，如果是航天飞机或宇宙飞船上的数据出现了错误，那可就属于人命关天的大事了。

出纳每天接触的都是数据，这些数据的服务对象通常是自己、会计人员、决策者、国家管理机构，一旦出错，就会出现连锁反应，后果十分严重。

我们常听到这样的话：“我真的不是故意的。”试想，又有谁是真的

出纳减少出错的方法

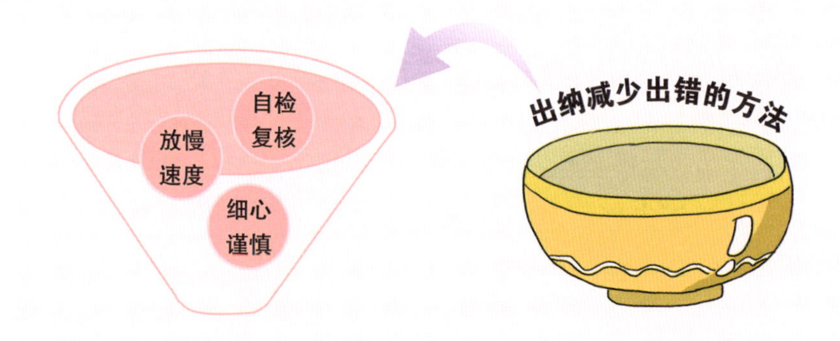

故意的？错误的出现不是故意的，但严重的后果实实在在存在着。所以，财务数据一定要准确。

难道做出纳，数据就无法避免出错吗？当然不是。其实，每个数据都是用手写出来的，只要我们放慢速度，失误是可以避免的，还可以保证每次成型数据的精准度。养成自检复查的好习惯，也会确保出纳程序万无一失。另外，还需养成细心谨慎的习惯。人非圣贤，孰能无过？建议参加细心职业习惯培训班，以便养成细心的职业习惯。

小故事

忙中出乱误大事

临下班前，老板急着要公司账目表，看完账目表，老板当即向客户许诺 500 万元的保证金，并答应客户次日 9:00 之前足额到位。但是，第二天，财务部调配部门发现出纳统计有误，会计把 50 万元看成了 500 万元，结果由于资金不足，无法立即筹到足额款项，该公司失去了一次与客户合作的可能。

出纳表格的外延

出纳表格不仅仅局限于表格，还包括表格的各种细节，如日期、时间、编号、颜色、联数、有效表格等，这些构成了出纳表格的外延。

日期和时间

出纳表格的日期应该包括年、月、日，年份应按照公历计算，以阿拉伯数字和“年”字完整书写。例如：2008 年，不可以简写为 08 年，虽然意思没错，但这样写是不规范的。月份为一到九月的，应写成 06 月、09 月，在月份前面加个“0”使得其更加规范。月份为两位数的应该正常书写，例如 10 月。日数的书写与月数的书写类似。

Easy-going

《支付结算办法》附件第七条规定：“票据的出票日期必须使用中文大写。”一到十的正确的大写汉字分别是：壹、贰、叁、肆、伍、陆、柒、捌、玖、拾。

以上所讲的都是小写时间和日期，在遇到大写时间和日期时，也有规范标准。为了防范伪造票据，一般用大写进行规范，在填写年、月、日时，月为壹、贰和壹拾的，如日为壹到玖和壹拾、贰拾和叁拾的，应在前面加“零”，如日为拾壹到拾玖的，应在前面加“壹”，如：2 月 15 日应写成“零贰月壹拾伍日”，10 月 30 日应写成“零壹拾月零叁拾日”，11 月 20 日应写成“壹拾壹月零贰拾日”。

编号

出纳编号就是指出纳表格中的编号，是出纳人员按照一定标准和顺序对报告单进行编订的号码。如果对出纳报告单装订成册，就需要从第一页开始编号，注明“001”，按照顺序直到最后一页。下面就以出纳报告单为例：

出纳报告单

单位名称：　　　　　　　　　　　　　　　　　　　　编号：
年 月 日至 月 日

项 目	库存现金	银行存款	有价证券	备 注
上期结存				
本期收入				
合 计				
本期支出				
本期结存				

主管：　　　记账：　　　出纳：　　　复核：　　　制单：

对出纳报告单进行编号，有助于增进数据的准确性，减少出纳人员的出错率；在输入数据时，有利于电脑系统的管理；便于出纳者和管理者复核查阅。

记账凭证编号的方法有多种，一种是把财会部门内的所有记账凭证作为一类统一编号，编为记字第 ×× 号；一种是分别按照现金、银行存款收入、支出、转账业务三类进行编号，分别编为收字第 ×× 号、付字第 ×× 号、转字第 ×× 号；还有一种是按照现金收入、现金付出、存款收入、支出和转账五类进行编号，分别编为现收字第 ×× 号、现付字第 ×× 号、银收字第 ×× 号、银付字第 ×× 号、转字第 ×× 号。

对于复杂的编号，需要填写多张凭证的，应该编写分号，用分数的形式表示，如第 9 号记账凭证需要用 3 张记账凭证，则第一张的编号就写 9（1/3），第二张编号为 9（2/3），第三张编号为 9（3/3）。

颜色和第几联

在设计出纳表格的时候，一般需要先设计表格，再填数据。

> **Easy-going**
>
> 要记住，深的底色配浅色文字，浅的底色配深色文字！冷暖色不能相遇，如果相遇，最好用黑白这种中间色隔开，一张表格颜色不宜超过三种，否则会很乱。

先说颜色，在设计表格时，为了区分每一栏的内容，把每一联的颜色染上不同的底色，可使查账者一目了然。在表格上应用的颜色，分为字体颜色和底板颜色，其目的是利用颜色来区分类别，使账目数据清晰化，最好用对比度较强的颜色来设计表格；另外就是会增加美感，如果颜色用得不恰当，效果相反不说，还会弄得人哭笑不得。

再说分联，当出纳表格需要分发到各个部门时，要求一式多联，此时需要在表单的右侧标注好联号。例如一式三联：①存根 ②仓库 ③财务 。也可表示为，第一联：存根；第二联：仓库；第三联：财务。

有效表格

表格是以打印的格式表现数据的有效方式，如何做出有效的表格，是出纳人员的重要任务。

一份有效的表格必须是记录真实、内容完整、填写及时、书写清楚的表格。

记录真实，就是必须实事求是地填写经济业务，表格上填写的日期、业务内容、数量、金额必须与实际情况相符，确保内容真实有效。

内容完整，指表格必须按照规定的格式和内容逐一填写齐全，同时必须由经办人签字盖章，对表格的真实性和正确性负完全的责任。

填写及时，应该根据经济业务的执行和完成情况及时填写表格。

书写清楚，表格上的文字和数据要认真填好，要求字迹清楚，容易辨认，一旦发现表格中有误，不能随意涂改，要加盖“作废”公章，重新填写。下图为一有效表格。

单位：元　　　　　　　　　　　　　　　　　　　　日期：

姓名	职务工资	津贴	教龄	三次职补	班主任费	住房补贴
马	1000	260	10	15		210
王	1100	260	10		5	179
张	800	270	12			199
贾	1050	290	15		5	247
刘	1200	300	23			247
赵	1000	255	9			199
崔	950	190	1	15		162
孙	850	205	2		5	123
吴	1000	230	5	15		232

有效表格和无效表格

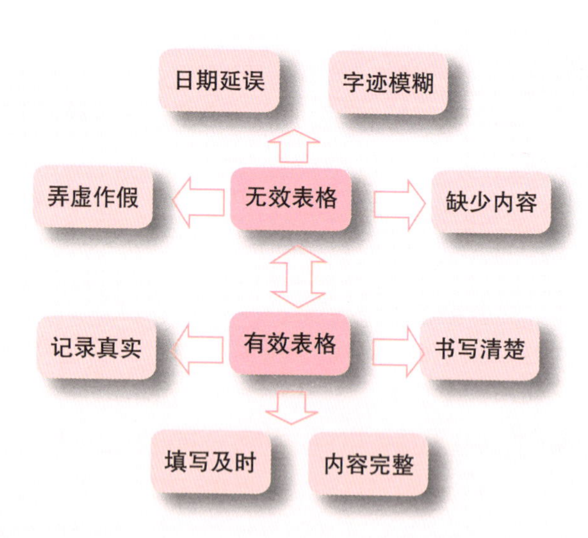

容易出现误差的表格

出纳在日常工作中，需要同形形色色的表格打交道，其中难免会出现错误。出纳工作会遇到哪些错误呢？学完本节就可以找到答案。

什么是会计误差

会计误差指的是会计核算过程中出现的差错，会计误差中不仅包含偶然误差，还包含系统误差。误差的概念最早来源于测量，由于测量的结果不可能绝对精确，所以就会产生误差。

对于上市公司来说，会计误差＝股票价值－（资产价值－负债价值）＝股票价值－股东账面价值

在市场经济日益发达的今天，会计误差随处可见。从产生原因来看，可以分为会计确认误差、会计记录误差、会计计量误差、会计报告误差。

简单理解会计误差，比如预计本公司年底盈利 100 万元，结果只盈利 90 万元，那么这 10 万元差额就是会计误差。如果预计盈利 200 万元，结果只盈利 100 万元，这就属于会计巨大误差。

会计误差，从程度上来分可以分为绝对误差和相对误差。

会计绝对误差＝真实会计数值－会计报告数值

会计相对误差＝会计绝对误差 / 真实会计数值 ×100%

会计误差是会计学的新概念，有助于正确评价会计信息质量，增强会计信息的有用性。

现金流量表的错误

现金流量表是指主要反映企业在一定会计期间现金和现金等价物流入和流出的报表，现金流量表根据其用途划分为经营、投资、融资三

会计误差的分类

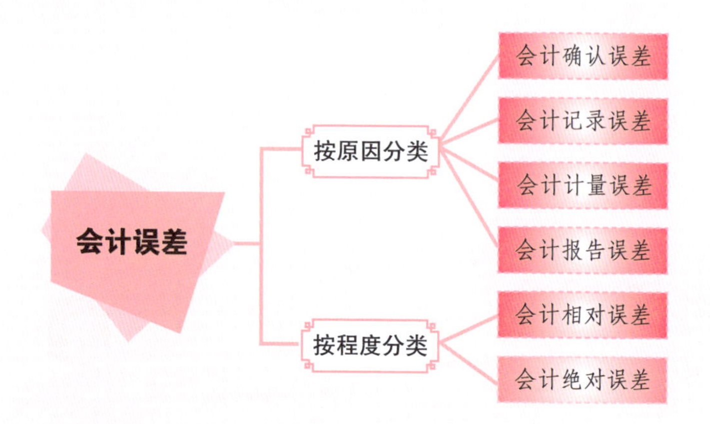

个分类。现金流量表是一份显示指定时期现金流入和流出的财政报告。

现金流量表有着十分重要的作用，可以弥补资产负债信息的不足；有利于了解企业筹措现金、生成现金的能力，评价企业的支付能力、偿还能力、周转能力，预测企业的未来现金流量，分析企业收益质量，分析影响现金净流量的因素；便于从现金流量的角度对企业进行考核；在一定程度上，对于那些以债权发生责任制为基础的报表进行补充，增强会计信息的可比性。

如果对现金流量表的编制基础理解不清，认为现金和现金等价物是一个整体，就容易导致错误的产生。

现金流量表只是一种“货币资金”项目的分析性报表，特定时点的“货币资金”可以被操纵，也容易导致错误的产生。

另外，编制方法也容易出现问题。大多数企业采取间接编制法，通过对“净利润”数据的调整来计算“经营现金流量净额”，这样很容易出错。

Easy-going

尽管我国要求上市公司采用直接法编制现金流量表，但是在无力进行大规模电算化账目整理的现状下，这一规定很难实现。

现金流量表

现金流量表

企业 03 表（续）

编制单位：　　　　　年度　　　　　　　　单位：元

补充资料	行次	金　　额
1．将净利润调节为经营活动现金流量：		
净利润	57	
加：计提的资产减值准备	58	
固定资产折旧	59	
无形资产摊销	60	
长期待摊费用摊销	61	
2．不涉及现金收支的投资和筹资活动：		
债务转为资本	76	
一年内到期的可转换公司债务	77	
融资租入固定资产	78	
3．现金及现金等价物净增加情况：		
现金的期末金额	79	
减：现金的期初余额	80	
加：现金等价物的期末余额	81	
减：现金等价物的期初余额	82	
现金及现金等价物增加额	83	

企业负责人：　　　　主管会计：　　　　制表：　　　　提出日期：　年　月　日

存货表格的错误

存货表格是用来反映存货状况和资金状况的报表，主要内容应包括：货号、单位、存放地点、编号、日期、传票号数、摘要、单价、进货、出货、结存日期、数量金额等。

存货表格容易出现的错误主要有：

（1）账户运用错误。

有些错误是失误造成的，但有些却是人为的。在汇总费用单时，出纳故意多报或者少报，都会造成数据的错误。

报错

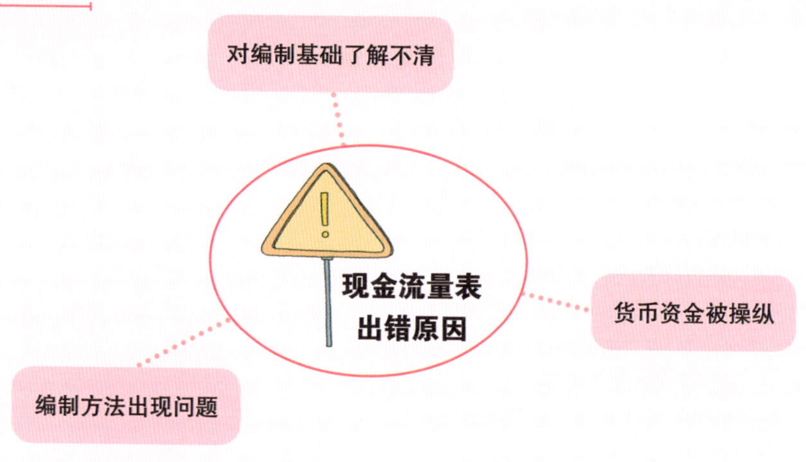

（2）合计金额计算错误。

（3）编号错误。

（4）名称错误。

（5）数量错误。

（6）日期错误。

（7）记账凭证与原始凭证单据不符。

在实际工作中，常见的记录错误主要有：会计原理原则运用错误、计算错误、记账错误。那么，出现错误该如何查找呢？主要方法有：顺查法、逆查法、抽查法、偶合法。顺查法就是按照账目的顺序查找错因的方法。逆查法与顺查法相反，就是从后往前查询错误。抽查法是对整个账目记录抽取其中某部分进行局部检查的方法。偶合法是根据差错规律，推测与差错有关的记录而进行查找的一种方法，主要适用于漏记、重记、错记。

抽页式账簿的漏洞

抽页式账簿也称作活页账，是将账页装在账夹内便于随时取放的账簿。活页账没有编写序号，临时编成册，可根据实际情况增加账页，不会因为账本留多或留少而造成浪费，使用起来比较灵活，便于分工记账。但是，这种账页容易遗失和被抽换。为防止遗失，最好在账页上进行编号，并且进行盖章，整理成册，防止漏洞的产生。活页账一般应用于明细分类账。

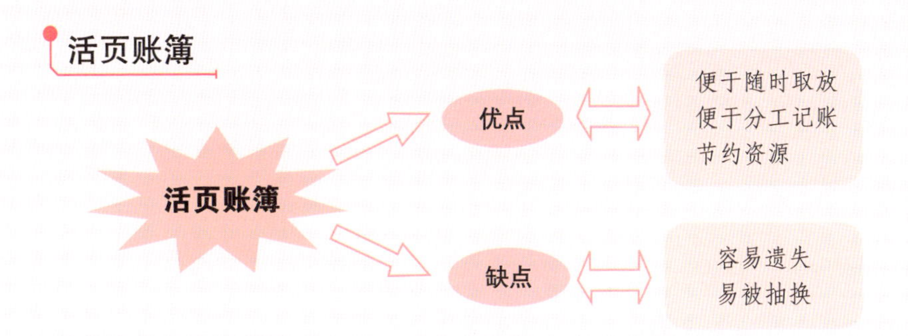

More

修改账簿的原则

账簿记录应做到整洁，记账应该力求正确，如果账簿记录错误，需要使用正确的方法加以修改，切不可乱涂乱画。错账的更正方法主要有：画线更正法、红字更正法、补充登记法。

画线更正法就是先将错误的文字或数字用一条红色横线画去，表示注错；再在画线上方用蓝色字迹写上正确的文字或数字。

红字更正法就是先用红字填写一张会计科目与其金额与原错误记账凭证完全相同的记账凭证，在"摘要"栏中写明"冲销错账"，并注明错误凭证的日期。然后，再用蓝字填写一张正确的记账凭证，在"摘要"栏中写明"更正错账"，并注明冲账凭证的日期和编号。

补充登记法就是将少记的金额用蓝字填制一张记账凭证，其应借、应供会计科目与原错误记账凭证相同。在"摘要"栏中写明"补充少记金额"以及原错误记账凭证的日期和编号。

第3章

银行事务处理

本章教你：

▶什么是银行账户？

▶怎么使用和管理银行账户？

▶分清支票、收据和银行账单。

▶了解银行业务往来的管理。

银行在全国乃至全世界范围内的联网，让企业的资金往来更加方便，交易甚至可以完全不需要面对现金，就能实现在世界两端的交易，而且交易的安全性更高，交易的成本更低，大批资金来往都有迹可循。

然而，企业财务和银行功能的密切相连，也给出纳工作带来新的要求和挑战：出纳时间更加重要；账户关系复杂；资金安全受市场环境影响；出纳误差扩大；出纳的责任更加重要……这都需要出纳有技巧地处理银行事务。

银行账户概念和分类

银行结算账户按照不同的性质和内容可以分为多种，每一种银行账户都有自己的特点。对于出纳员来说，一定要清楚明白地了解每种银行账户的特点，才能做好出纳工作。

什么是银行结算账户

银行结算账户，指的是存款人在银行开设的办理资金收付结算的人民币活期存款账户。

在银行结算账户的概念中，银行是指在中国境内经中国人民银行批准经营支付结算业务的政策性银行（含外资独资银行、中外合资银行、外国银行分行）、城市商业银行、农村商业银行、城市信用合作社、农村信用合作社；结算指的是活期存款中根据存款人的要求进行支付、收入；存款人是指在中国境内开立银行结算账户的机关、团体、部队、事

小故事

账户分别设立的必要性

王小姐原来在房地产公司工作，积累下了深厚的关系网和人脉，她就趁机开设了一家房地产中介公司，但是因为她没有经验，无意中将企业的银行结算账户和个人银行结算账户合成了一个。一年后，王小姐仔细盘账，发现自己的个人账户增加了 12 万元。她与之前的工资做了一个对比，发现一年前她在房地产公司上班时的月工资还 1 万元呢。

这么看来，王小姐的公司并没有为她带来任何利益。如果当时不是年终，心血来潮盘点账户，王小姐还沉浸在做老板的快感中。

业单位、其他组织、个体工商户和自然人，在本书中，银行账户存款人一般指企业；账户指的是存款人提供资料后，银行设置的电子存款户头。

银行结算账户可以分为单位银行结算账户和个人银行结算账户。如果存款人以单位名称开立银行结算账户，那么此账户就是单位银行结算账户；一个体工商户凭营业执照以字号或经营者姓名开立的银行结算账户按小单位银行结算账户经营，若存款人以个人名义开设账户，那么，此账户就是个人银行结算账户。

所有的账户必须由存款人向银行出示相关证明才可以申请开设。

银行结算账户的分类

银行按照不同的方式，对结算账户有不同的分类：

按存款人不同，可以分为两种，即单位银行结算账户和个人结算账户。其中，单位银行结算账户按其用途又可以分为四种：基本存款账户、一般存款账户（存款人的工资、资金等现金的支付，只能通过本账户）、临时存款账户、专用存款账户。

1．基本存款账户

基本存款账户，指的是存款人因日常转账和现金收支的需要而开设的银行结算账户。这种账户是存款人的主办账户。

2．一般存款账户

一般存款账户，指的是存款人因借款或其他结算的需要，在基本存款账户开户之外的其他银行机构开设的银行账户。这种账户能办理现金缴存和转账结算业务，但是不能办理现金支取的业务。

3．临时存款账户

临时存款账户，指的是存款人因临时需要并在规定的时间内使用而开设的银行账户。例如，存款人因设立临时机构、异地临时经营活动注册验资、增资等情况，可临时开设存款账户。这种银行账户最长有效时期在两年之内。注册验资的临时存款账户在验资期间只收不付。

4．专用存款账户

专用存款账户，指的是存款人依照法律法规，对自己特定用途的资金进行事项管理和使用而开设的银行账户。

个人结算账户，指的是个人专门为自己申请开设的银行账户，可以用来转账汇款、刷卡消费、投资等。

银行结算账户根据开户地的不同，也分为两种，即本地银行结算账户和异地银行结算账户。本地银行结算账户指的是存款人在所在地，按照相关法律法规，在本地申请开立的银行账户。

异地银行结算账户指的是存款人根据自己的需要，并符合法定条件，在异地申请开设的银行账户。单位或是个人只要符合相关的条件，也可根据自身的需要在异地开设单位银行结算账户或个人银行结算账户。

银行账户的种类

按存款人的不同

按存款人的不同	单位银行结算账户	基本存款账户	存款人因日常转账和现金收支的需要而开设的银行结算账户。
		一般存款账户	存款人因借款或其他结算的需要，在基本存款账户开户之外的其他银行机构开设的银行账户。
		临时存款账户	存款人因临时需要并在规定的时间内使用而开设的银行账户。
		专用存款账户	存款人依照法律法规，对自己特定用途的资金进行专项管理和使用而开设的银行账户。
	个人结算账户	个人专门为自己申请开设的银行账户，可以用来进行转账汇款、刷卡消费、投资等各种支付业务。	

按开户地的不同

按开户地的不同	本地银行结算账户	存款人在所在地，按照相关法律法规，在本地申请开立的银行账户。
	异地银行结算账户	存款人根据自己的需要，并符合法定条件，在异地申请开设的银行账户。

使用银行账户的注意事项及其管理

银行账户虽然很方便，给我们的生活也带来很多的便利，但是我们在使用银行账户的时候，应该注意使用银行账户的细节，这样，我们才能更好地享受银行账户为我们提供的便利。

使用银行账户的注意事项

为了维护好金融秩序，确保每一项经济业务都能正常地进行，各个企业都应该加强对银行账户的使用和管理，那就应该注意以下几点：

Easy-going

银行账户是各个企业和其他企业，通过银行办理结算和现金收付的重要工具。

（1）单位银行结算账户的存款人，只可以在银行开设一个基本存款账户。

（2）存款人应该在注册地或是住所所在地开设银行结算账户，除了其按照规定在外地开设的银行账户以外。

（3）存款人能自由选择银行开设银行账户，除了国家或依据相关规定外，任何单位或个人都不能强制性地让存款人到指定的银行开设银行账户。

（4）银行结算账户的开立和使用应该遵守法律法规，存款人更不能利用银行账户进行偷逃税款、套取现金等其他违法活动。

（5）各个企业单位应该加强对预留银行签章的各项管理。

（6）当存款人收到对账单或对账信息以后，应该及时核对账务，并且在规定的时间内向银行发出对账单或确认的信息。

（7）存款人在使用银行账户时，不能将其出租或借给任何一个人，也不能利用它套取银行信用，更不能利用它通过一些途径取得利益。

（8）如果存款人想要注销银行账户，就一定要和开户银行核对账户中的存款余额，然后再交回各种空白票据和结算凭证，以及开户许可证。银行进行核对，没有任何差错后就可以办理销户手续。如果存款人没有按照相关规定，交回相关凭证，应该出示有关证明，否则造成的损失自行负责承担。假如存款人没有还清其银行债务，就不能申请注销账户。

（9）单位从存款人银行结算账户支付给个人银行账户的款项，每笔

使用银行账户的注意事项

存款人能自由选择银行开设银行账户。

银行账户的开立和使用应该遵守法律法规。

存款人收到对账单或对账信息以后，应该及时核对账务，并反馈信息。

存款人要想注销银行账户，应该核查账户的余额，并交回凭证和开户许可证。

对存款人开设的单位银行结算账户制定生效日制度。

单位银行结算账户的存款人，只可以在银行开设一个基本存款账户。

存款人除了在所在地开设账户，也可以按照规定在异地开设账户。

企业单位应该加强对预留银行签章的各项管理。

存款人在使用银行账户时，不能外借，不能套现，更不能牟取其他利益。

单位从存款人银行结算账户支付给个人银行账户的款项，每超过 5 万元的，应该向存款人开户银行提供相关的付款依据。

超过5万元的，应该向存款人开户银行提供相关的付款依据。从单位银行结算账户支付给个人账户的款项应该缴纳税款的，税收代扣单位在付款的时候，应该向存款人开户银行提供完税的相关证明。

（10）对存款人开设的单位银行结算账户制定生效日制度，也就是说单位银行账户从正式开启后三个工作日之内，除了资金转入和现金存入之外，不可以办理付款业务，在三个工作日之后才能办理付款业务。

怎样进行银行账户管理

银行结算账户的管理主要体现在四个方面，也就是银行结算账户的设立、变更、撤销，以及出纳人员对银行结算账户的日常操作。这些内容在《人民币银行结算账户管理办法》中都有着具体的规定。根据申请

银行账户管理

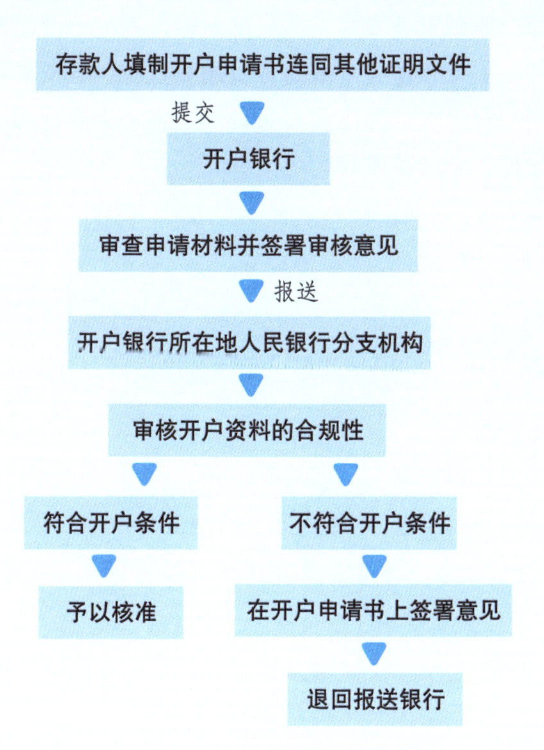

办理的条件，企业法人携带相关的证明文件在开户的银行设立基本存款账户，而出纳人员也可以在除基本存款账户开设银行的其他银行，申请开设其他银行账户。

银行账户的变更，实际上是指存款人的账户信息资料发生变化或改变。其中，法人代表资料发生改变，企业撤销、合并、破产等重大事件也会受之影响。

银行账户的撤销和变更都是相同的：基本账户一定要由企业法人亲自去办理，而一般账户、临时账户和专用账户的撤销和变更，可以由出纳人员办理。

在企业日常经营中，出纳人员是企业和银行的直接联系人，出纳员会定期（例如每个月发薪水）、不定期（例如企业会有大规模的交易）对银行结算账户核查操作，提取或支付现金，或者进行转账。身为一个企业日常管理人员，出纳员更应该加强对预留银行签章的管理。如果出纳员发现预留公章或财务专用章遗失的时候，就应该及时地向银行出示相关证明文件。如果预留公章或财务专用章发生一些变动，那么出纳人员也要立刻向银行上报，并出示相关证明文件，主要证明文件有书面申请、开户登记证、营业执照等。

小故事

法院受理的一桩诈骗案

公司的出纳小李，因为将银行账户预留公章弄丢了，就悄悄辞职，接任他的出纳并没有及时地将此事上报给银行。最后，小李以“自己是熟人”为借口，将自己私下刻的公章报给了银行，并趁机从银行取走了十多万元。事情败露后公司将小李告上了法庭。

支票、收据和银行账单

在工作生活中，支票、收据和银行账单，都会随时出现，如果我们没有清楚地明白它们各自的特点，以及它们的区别，就会犯很多的错误。认清各种票据非常重要，否则，出纳员就是不称职的。

什么是支票

支票是由出票人签发的，出票人委托办理支票存款业务的银行或其他金融机构，在见票时无条件地将确定的金额支付给持票人或收款人的一种票据。

一张真正的支票票面上一定要包括 ："支票" 字样、无条件支付命

中国工商银行的支票

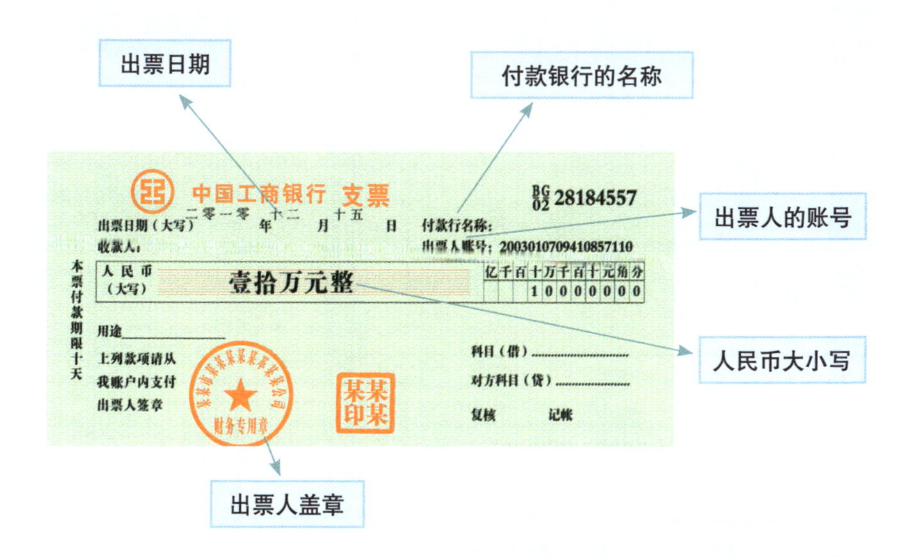

令、出票日期、出票人名称及其签字、付款银行名称及地址（未写明付款地点者，付款银行所在地可以视为付款地点）、付款人、付款金额，出票地点不一定要填写（没有写明出票地点者，出票人名字旁的地点视为出票地）。

什么是收据

收据指的是国家财政部门印制的，并且盖有财政票据监制章的收付款凭证。收据是一种行政事业性收入，也就是非应税业务。

通常情况下，没有使用发票的情况下，都会使用收据，这也是非常重要的原始凭证。收据和我们平常所说的“白条”是完全不能画等号的。收据也是一种收付款凭证，有不同种类，但是关系到能不能入账，那就要看收据的种类和使用范围了。

收据可以分为两种，即内部收据和外部收据。外部收据又分为三种，即税务部门监制收据、财务部门监制收据、部队收据。内部收据则是各个企业单位内部的自制凭据，它主要用于企业内部的相关业务，

收据

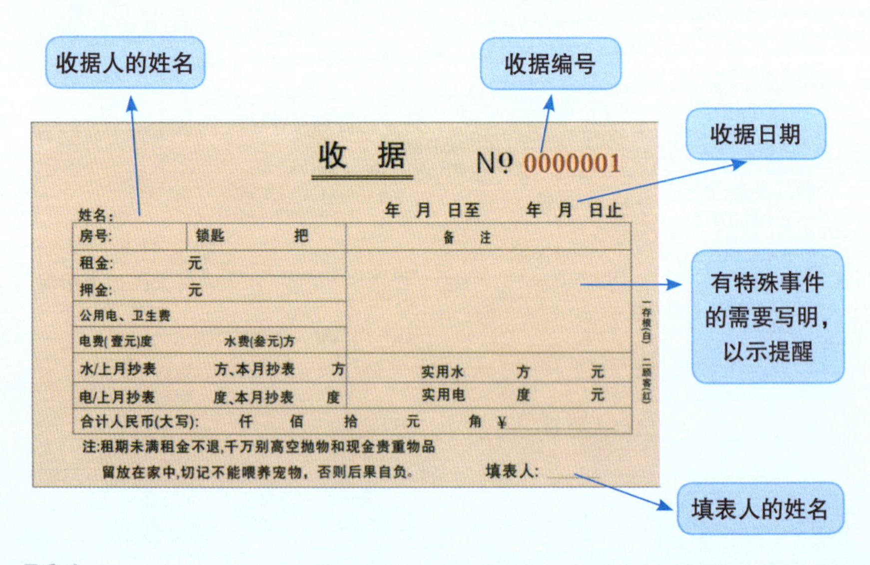

收 据　　№ 0000001

姓名：　　　　年　月　日至　　年　月　日止

房号：	锁匙　　把	备　注
租金：　　元		
押金：　　元		
公用电、卫生费		
电费(壹元)度	水费(叁元)方	
水/上月抄表	方、本月抄表　　方	实用水　　方　　元
电/上月抄表	度、本月抄表　　度	实用电　　度　　元
合计人民币(大写)：　仟　佰　拾　元　角 ¥		

一存根(白)　二顾客(红)

注:租期未满租金不退,千万别高空抛物和现金贵重物品留放在家中,切记不能喂养宠物，否则后果自负。　　填表人：

例如材料内部调拨、收取员工押金等。这个时候，内部的自制收据就是合法的凭证，可以作为企业成本费用入账。企业单位之间的业务往来，收款方在收款之后，是不需要纳税的，收款方可开具税务部门监制的收据。如果行政事业单位进行收费，那么，就可以使用财政部门监制的收据。如果企事业单位和部队之间有业务上的往来，按照相关规定，就不需要纳税了，可以使用部队监制的收据。这种收据也是合法的凭证，能够入账。除了以上那几种收据之外，单位或个人在收付款时用的其他自制收据，就是我们平常所说的“白条”，是不可以作为凭证入账的。

什么是银行对账单

银行对账单是一种银行和企业核对账务的记录单，也是记载企业业务往来的记录。它可以充当企业资金流动的根据。除此之外，最重要的是，银行对账单可以认定企业某一时期内的资金规模。企业运营很多地方都需要对账单，如投资、验货等。

Easy-going

在税务审查中，如果企业或银行发现没有入账的资金收付，那么，就应该谨慎地找出原因，而寻找过程就是核对对账单的过程。

银行对账单体现的主体是银行和企业，其内容是企业的资金，其反映形式是对各个企业资金流转的记录。就它的用途而言，银行对账单是银行和企业之间，对资金流转情况进行核查和确认的一种凭证单。就其特点而言，银行对账单具有客观性、真实性和全面性等特点。

1. 客观性

根据国家相关部门的规定，每一个企业单位从成立开始，要在银行开户，那么企业的资金就要通过银行进行收付款结转活动。银行作为国家金融机构，其中最重要的一个职责就是保证企业资金的正常运转。与此同时，银行也会客观地记录企业资金的各种运转情况，并定期将企业在银行的资金运转情况清楚地打印出来，这也就是银行对账单，而企业则以此为依据和银行存款记账情况进行核对。所以，银行对账单是银行和企业这两个相互独立的经济实体，对同一个事情进行核查的最直接的凭证单。所以，银行对账单从本质上来说，具有普遍意义上的客观性。

2. 真实性

企业的业务资金通过银行进行流转活动后，银行也会很客观地记录出来。所以，银行出具的对账单所反映的业务资金运转情况具有真实性。从法律方面说，银行对账单所反映的是对企业在银行中的存款实存数的一种法律性质的证明，具有很强的真实性。

3. 全面性

银行对账单记录了企业的每一笔业务资金的运转情况，可以全面详细地反映出企业从成立以来所有资金的结转情况。从银行对账单所反映的内容上来看，它的内容具有全面性。

银行对账单的特点

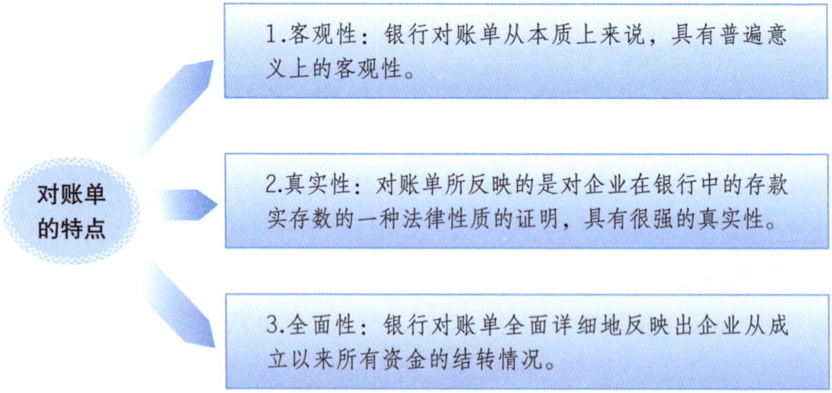

对账单的特点

1.客观性：银行对账单从本质上来说，具有普遍意义上的客观性。

2.真实性：对账单所反映的是对企业在银行中的存款实存数的一种法律性质的证明，具有很强的真实性。

3.全面性：银行对账单全面详细地反映出企业从成立以来所有资金的结转情况。

银行回单

银行是国家重要的金融机构，为很多企业和个人提供了便利。尤其是很多大型企业，几乎每天都会和银行来往。所以，企事业单位就更应该清楚日常工作中与业务银行间的交往。只有清楚与业务银行的交往，才能更好地处理好资金方面的工作。

什么是银行回单

银行回单是银行为客户开出的有关银行各种业务的一种凭证。例如客户利用银行存款交了地税的税金，而银行就会出一个付款凭证。

银行回单，对于每一名财务人员来说并不是很陌生。在我们的日常生活中，每天都会发生很多收付款业务，这些都会有银行回单与之对应。最近几年，在互联网迅速发展的情况下，网上银行运用得越来越广泛。对于企业来说，会出现银行电子回单。

银行电子回单指的是银行为企业客户提供其网银付款交易查询下载、打印等功能的电子回单。其特点是：

1. 信息详细丰富

电子回单上记录了很多网上交易的详细信息。

2. 认证真实可靠

电子回单加印了银行电子回单专用章，也附有电子回单号和验证码，具有真实性和可认证性。

3. 使用方便快捷

电子回单提供一天24小时账户电子回单查询功能，能让客户随时进行各种交易的企业账务处理。

当然，银行电子回单有利必有弊。它虽然很方便，但是我们在使用

银行电子回单

上海浦东发展银行网上银行电子回单

电子回单编号　A2009012100××
验证码　VZUYDUKCPQ3E

付款人账户名称	浦发100156××	收款人账户名称	上海××××有限公司
付款人账号	84336700000××	收款人账号	9801015450000××××
付款人开户银行	杭州分行卡中心	收款人开户银行	浦发广州××支行
交易名称	电子支付专用交易	凭证号	××××
摘要	网上支付	附言	代理转账
金额（大写）	人民币拾万元	（小写）	¥100,000元
交易网点	95××	交易柜员	999570××
交易时间：2009年05月10日 电子回单时间戳：2009年05月10日			
重要提示： （1）如账务通知单编号、账号、金额、摘要及验证码相同，系重复打印。 对于收付款账号均在浦发银行的交易，我行将根据收付款账号产生两张交易内容相同，但回单编号及验证码不同的电子回单。 （2）已在银行柜台领取业务回单的单位,请注意核对,勿重复记账使用。 （3）本账务通知单不作为收款方发货依据,仅供参考。			

的时候，还要注意以下几点：

（1）银行电子回单是补打回单，千万不要重复记账。

（2）这种回单不能当作收款方发货的依据。

（3）每一笔交易的电子回单上的回单号都是不同的，而且是唯一的，而回单验证码不是唯一的，每一次打印回单时都会产生新的回单验证码。

银行电子回单的特点

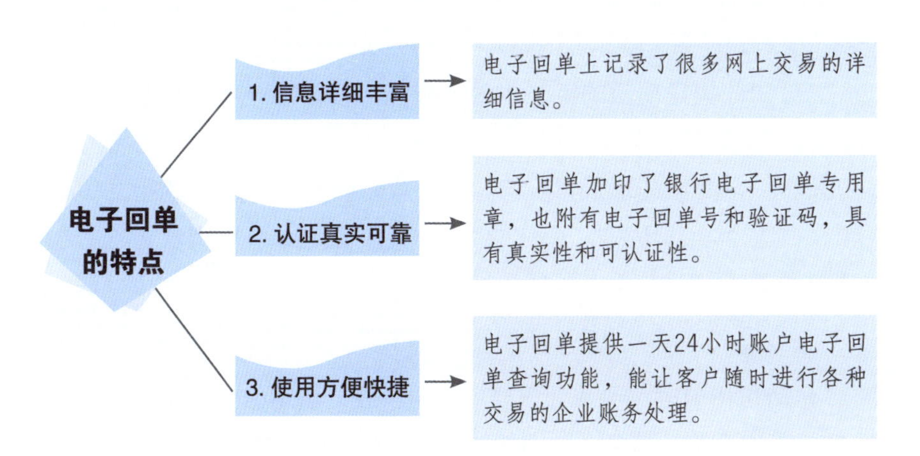

银行卡和单位卡

银行卡，是指经批注由商业银行（含邮政金融机构）面向社会发行的信用支付工具，其具有转账结算、存取现金等功能，它能给广大客户带来诸多便利。银行卡按是否具有透支功能分为信用卡和借记卡。

申请者要想拥有银行卡，可以携带本人有效证件，通常是身份证或身份证复印件，到各个银行柜台办理有关手续。申请办理信用卡时，需要个人所在单位的收入证明或个人资产证明等材料。

Easy-going

出纳员在单位卡相关事情上，所需要做的工作就是要根据企业规定为本单位的重要职员办理单位卡，并且还要定期从银行记录中下载他们单位卡的使用数据，记录并存档，以备单位财务核查。

小故事

单位卡消费记录

有两个年轻人，他们同时去一家化工企业的质监部门工作，他们的工作表现也同样的优秀。然而，一年之后，其中一个年轻人升为部门主管，而另一个年轻人则被上司调配到销售部门。

被调往销售部门的年轻人很不服气，就去找人事部经理，经理就说："这里有一份出纳员整理出的单位卡使用记录。你的信用消费忽多忽少，而他的却很有规律。由此可以看出，他的生活规律、谨慎，很适合做部门主管；而你的生活一定很随意，所以销售部门更合适你。"年轻人听完后甚是震惊。

申请信用卡时，申请者需要填写申请表，填写的信息一定要准确、真实。其中有三项信息一定不能缺少：个人身份证明、居住地证明、个人收入证明。填写完申请表后，要到开户行总行进行备案。开户行总行对申请者填写的资料进行审核后，大概在20个工作日通过邮寄或快递将卡下发到客户手中。申请借记卡相对来说就简单容易，申请者只要带上本人有效证件（身份证或身份证复印件），到开户银行填写好申请表，到柜台办理相关程序，当时就可以申请到。此外，如果我们将借记卡遗失，或出现其他意外情况，可以先拨打银行电话或到网上银行进行挂失。之后，再由我们本人带上身份证等相关证明资料去开户银行柜台办理挂失手续。

单位卡就是商业银行（包括邮政储蓄金融机构），面向企事业单位发行的银行卡。

申请单位卡的条件是，各个企业需要在中国境内的金融机构中开设基本存款账户之后，方可申请单位卡。企业在申请时，需要提供开证申

信用卡结构

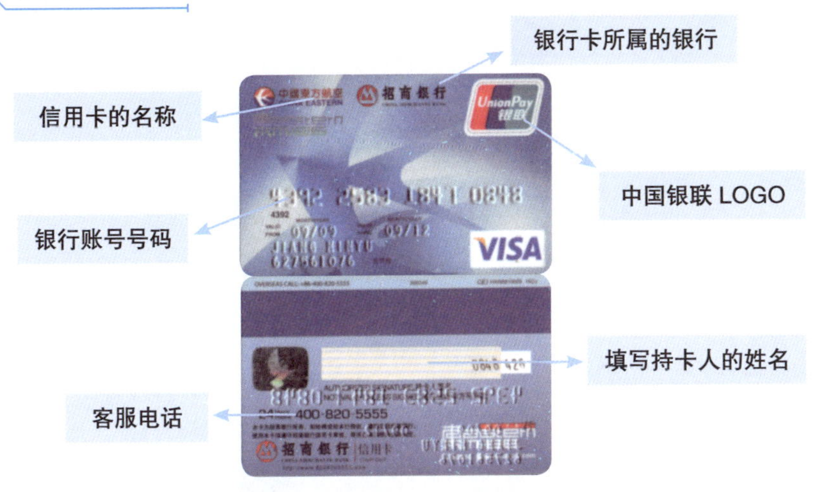

请、填制申请表，有时还需要提供发卡单位规定的特殊材料。申请单位卡之后，要交纳一定的准备金，这样企事业单位就能领取很多张信用卡了。此外，单位卡的撤销更加严格，必须在卡使用满 45 天，并且在两年内没有发生任何交易行为才准许撤销，而且撤销时卡里的现金并不能取现，只能自动转入基本存款账户中。

More

单位卡使用规定

单位卡的出现为有些人动私念、挪用公款开了个“窗口”，所以企事业单位一般对使用单位卡有着严格规定：一是不管一个企业的规模有多大，单位银行卡不得用于 10 万元以上额度的结算；二是企业中所有的单位卡不可以取现金，也不能直接存款，要想存取款一定要通过基本存款账户。

第4章

如何处理凭证

相对于其他财务人员，出纳所做的事更多的是关注过去。一个合格的出纳，心中装着公司的财务历史，同时抽屉里也保存着公司过去的财务记录。

根据法律规定，一般的凭证都有着固定的保存年限。

本章教你：

- ▶了解什么是凭证的种类。
- ▶弄清楚凭证的处理原则。
- ▶原始凭证的处理原则。
- ▶什么是记账凭证?

凭证和原始凭证

凭证在我们日常生活中很常见。不管是企业还是个人，都存在着一定的经济业务。为了能更好地进行各自经济上的事务，我们一定要知道凭证的含义和相关内容。

什么是凭证

凭证又称作会计凭证，是一种可以证明经济业务事件的发生、明确经济责任，并且可以登记在账簿上，具有法律效力的书面证明。

Easy-going

凭证的价值与认证中心的公信力有着密切的关系。一张凭证表示着拥有者具有的身份与能力。

会计凭证

会计凭证	
时间	年　　月
册数	本月共　册，本册是第　　册
张数	本册自第　号至第　号 共　张
单位：	

什么是原始凭证

原始凭证又称作单据，是在经济业务发生时或已经完成时，才能取得或填制的书面证明。原始凭证不仅可以记录经济上各种业务的发生或完成情况，也能明确经济责任。它是一种相关人员进行会计核算工作的重要依据和原始资料。原始凭证也是会计资料中最有法律效力的一种书面文件。工作令号、购销合同等证明不了经济业务的发生或完成情况，是不能当做原始凭证的。

原始凭证分割单

接受单位的名称

填写日期

填写编号

原始凭证分割单

年　月　日　　编号

接受单位名称				地址		
原始凭证	单位名称			地址		
	名称		日期		号码	
总金额	人民币（大写）				千 百 十 万 千 百 十 元 角 分	
分割金额	人民币（大写）				千 百 十 万 千 百 十 元 角 分	
原始凭证主要内容，分割原因						
备注						

单位名称（公章）：　　会计：　　制单：

会计人

盖印单位的公章

制单人

原始凭证的内容基本上有：单据名称；填制单据的日期；接受单位名称；经济业务内容，如数量、金额等；填制单位签章；相关人员签章；凭证附件。

原始凭证按照获得的来源不同，可分为两种，即自制原始凭证和外来原始凭证。

一、自制原始凭证

自制原始凭证，指的是经济业务发生或完成时，由企业的经办人员自制的原始凭证，例如收料单、领料单等。自制原始凭证按其记录经济业务次数的差异和填制方法的不同划分，又可以分为四种：一次凭证、累计凭证、汇总原始凭证和记账编制凭证。

1．一次凭证

这种凭证仅仅反映一项经济业务，它是一次就完成填制手续的凭证。例如企业单位买进的材料验收入库后，由仓库保管人员填制的收料单；车间人员向仓库领取材料的时候，填写的领料单……这些都是一次凭证。

2．累计凭证

累计凭证指的是在一定时间内，多次记录发生的同类经济业务的原始凭证，到后期凭证填制手续才能完成，并以后期累计数当做记账依据的原始凭证，例如有些企业常用的限额领料单等。用累计凭证，可以将核算手续简单化，这种凭证对材料的消耗、成本的管理都起着控制作

原始凭证的种类

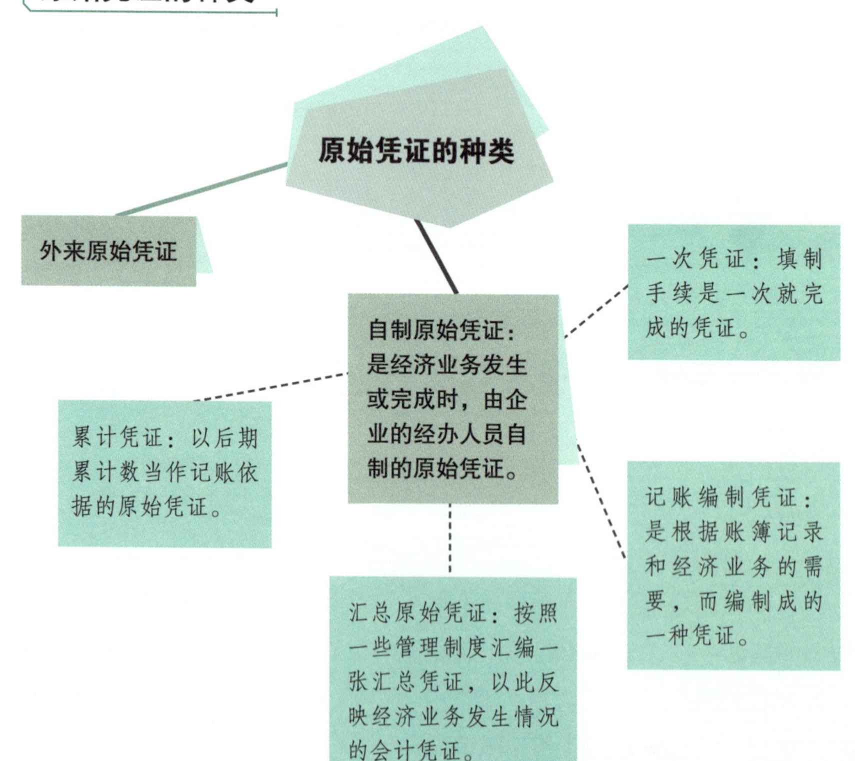

用，这也是企业计划管理的方式之一。

3．汇总原始凭证

汇总原始凭证指的是，在会计核算的工作中，为了简化记账凭证的编制工作，在一定时期内，将很多份记录相同的经济业务的原始凭证，按照一些管理制度汇编一张汇总凭证，以此反映经济业务发生情况的会计凭证。例如“收料凭证汇总表”“现金收入汇总表”等，这些都是汇总原始凭证。

4．记账编制凭证

记账编制凭证指的是根据账簿记录和经济业务的需要，而编制成的一种凭证。这种凭证是根据账簿记录，将某项经济业务加以整理而重新编制成的一种凭证。如在计算产品成本时，编制的“制造费用分配表”，就是根据制造费的明细账记录的数字，按照费用的用途制成的。

二、外来原始凭证

外来原始凭证，是指在和其他的企业单位发生经济来往时，从外单位获得的凭证。

外来原始凭证都是一次凭证。如企业购买材料、商品时，从供货单位取得的发货票，就是外来原始凭证。

More

原始凭证审核

从观念上来说，审计人员应该凭着自己的职业水准，大胆想象，且能认真细心地去查阅，千万不要因为资料很多而草草了事，应该理性地去查看凭证。在我们查阅很多凭证时，要有侧重点，应该明确哪些应重点审计，是选择详细审计还是抽样审计，可以根据实际情况去掌控。最后，通过审计，如果发现存在疑问的凭证，应该更进一步地去核查。

4

凭证的分类和填制原则

凭证有很多种，对于出纳员来说，要想将出纳工作做得很出色，就一定要知道各种不同种类的凭证。也只有了解清楚凭证的种类，懂得凭证的处理原则，才能做好出纳工作。

原始凭证的分类

凭证按其适用的经济业务可以分为原始凭证和记账凭证。原始凭证被称作单据，是各个企事业单位在经济业务事项发生或完成的时候填写的，是以明确经济责任，用以做账的一种原始依据的凭证，是进行会计核算的重要资料。

一、专用记账凭证

这种凭证是用以专门记载某种经济业务的记账凭证。专用记账凭证按照所记录的经济业务和银行存款的收付是否有关系，可以分成三种，即收款凭证、付款凭证和转账凭证。

1．收款凭证

收款凭证是一种用来记录库存现金和银行存款收款业务的会计凭证。这种凭证是登记现金日记账、银行存款日记账和总账等账簿的依据，是根据现金和银行存款收入业务的原始凭证而填制的，也是出纳人员收取款项的依据。

Easy-going

在整个会计核算的过程中，凭证是第一关卡，如果相关人员使用的凭证是虚假的或是违背法律的，那么，整个会计核算就是不真实的。

2．付款凭证

这种凭证是一种用以记录库存现金和银行存付款业务的会计凭证。付款凭证是根据相关现金和银行存款支付业务的原始凭证而填制的凭证，是记录现金日记账、银行存款日记账等账簿的依据，也是出纳人员付讫款项的重要依据。

3．转账凭证

转账凭证是用来记录与现金、银行存款等货币资金收付款业务无关的转账业务的凭证。该凭证是根据相关转账业务的原始凭证而填制完成的。它是记录总分类账和相关分类账的重要依据。

二、通用记账凭证

通用记账凭证是一种用以记录各种经济业务的记账凭证。在经济业务很简单的企事业单位中，为了简化凭证，可以使用这种通用凭证，以此来记录企业各种不同的经济业务。

凭证的分类

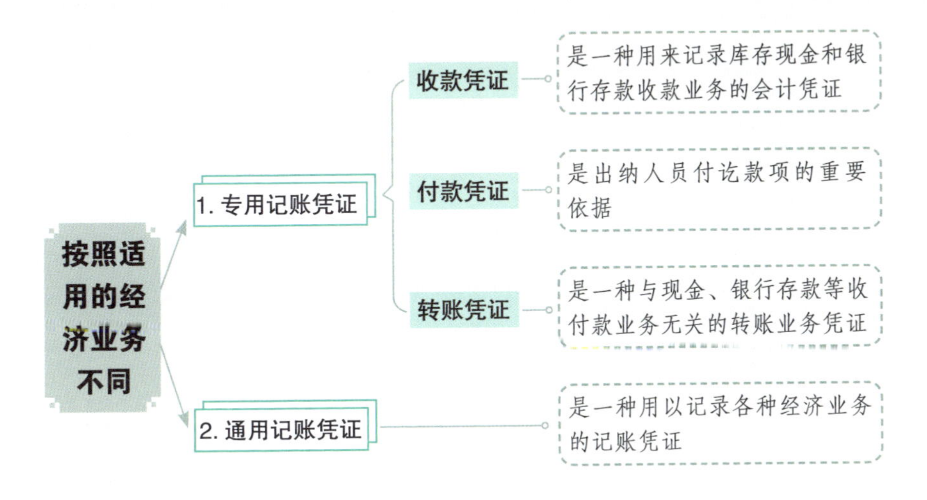

凭证的填制原则

弄清楚了凭证的分类后，接下来了解凭证的处理原则。以原始凭证为例，填制时应遵循以下几点原则：

1. 记录要真实

原始凭证上所填写的企业经济业务内容和相关的数字一定是真实的，简单点说就是要符合国家相关的法律法规和制度的要求。此外，凭证上填写的经济业务的内容和数字，一定要符合有关经济业务的实际情况，千万不能弄虚作假，更不能去伪造原始凭证。

2. 内容要完整

原始凭证上所要填写的每一项都要求是全面的，不能遗漏或省略一些事项。此外，经办此业务的有关负责人一定要认真谨慎地进行审核，并签名和盖章。

3. 手续要完备

如果是企事业单位自制的原始凭证，一定要由经办单位的领导人或其他授权人员签名并盖章。对外开出的原始凭证，一定要盖印上本单位的公章。如果是从外界获取来的原始凭证，那就一定要盖有填制单位的公章。倘若是从个人那里取得的原始凭证，那就一定要相关填制人员签名并盖章。

4. 填写要清楚、规范

原始凭证要求在填写的时候，一定要简明扼要，字迹清楚。

5. 编号要连续

在填制原始凭证时，如果凭证已经先印定编号了，当我们填写错误或损坏时，应该在凭证上加盖“作废”戳记。还要妥善保管，不能私自撕毁。

6. 不得涂改、刮擦、挖补

如果原始凭证上有错误出现，不能涂改、刮擦、挖补，应该由出具单位重新开具凭证或加以更正，在更正处应该加盖出具单位印章。如果原始凭证金额出现错误，应该由开具单位重开，不能在原始凭证上更正。

7. 及时填制

不管是哪种原始凭证，必须要及时地填写，并且按照规定的程序及时地送到相关机构，让相关人员及时核查。

原始凭证的填制原则

1. 记录要真实	要依据国家相关的法律法规和制度的要求真实填写，不得造假。
2. 内容要完整	要求所填写的每一项要求是全面的，不能遗漏或是省略一些事项。
3. 手续要完备	不管是企事业单位自制、对外开出的，还是从个人那里取得的，都要有相关单位或个人的签字盖章，手续要完备。
4. 填写要清楚、规范	填写原始凭证时，一定要简洁，字迹要清楚，容易辨认。尤其是大小写金额，一定要正确填写。
5. 编号要连续	凭证已先印定编号的，若填写出错或损坏，应该加盖“作废”戳记。
6. 不得涂改、刮擦、挖补	凭证上出现错误的，不能涂改、刮擦、挖补，应该由出具单位重新开具或是加以更正。
7. 及时填制	各种原始凭证，必须要及时地填写，要及时送往相关机构进行审核。

More

凭证上的数字

在填写大写金额时，应该用汉字壹、贰、叁、肆、伍、陆、柒、捌、玖、拾、佰、仟、万、亿、元、角、分、零、整等。在填制时，一定要用正楷或行书字体书写，大写金额前没有印“人民币”字样的，应该加写“人民币”几个字。“人民币”字样和大写金额之间一定不要留有空白。如果大写金额到元或角为止的，后面要写“整”或“正”字样。

记账凭证的分类和填制要求

记账凭证是出纳在接到其他凭证时，对原始凭证做的备注。也就是说，记账凭证是一种二次凭证，同时也是出纳对工作业务和责任的确认。

记账凭证的分类

记账凭证又被称作记账凭单、分录凭单，它是登记账簿的直接依据。在实际工作中，为了方便登记账簿，需要将不同单位、不同种类、数量庞大和格式大小不同的原始凭证，加以整理，再填写到格式统一的记账凭证中，确定会计分录，并把有关的原始凭证附在记账凭证的后面。

记账凭证按照不同的性质可以分为很多种：

* 如果按照适用的经济业务区分，可以分为两种：专用记账凭证和通

记账凭证的封面

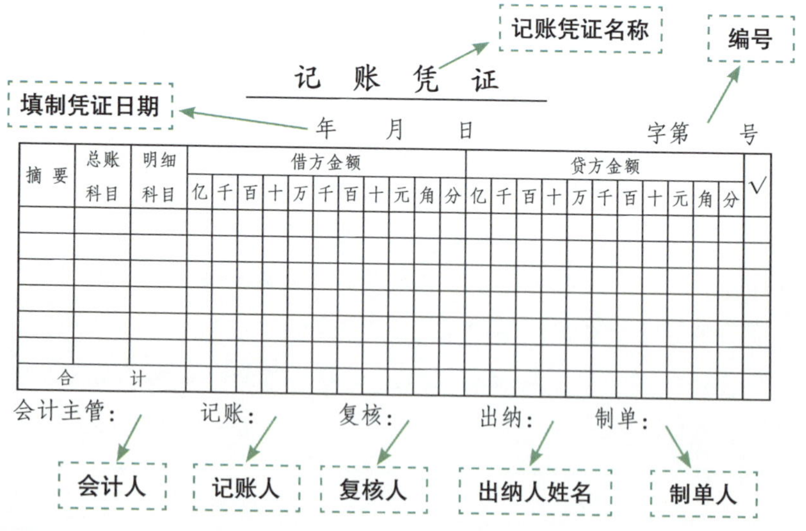

记　账　凭　证

年　　月　　日　　　　　　　　字第　　号

摘要	总账科目	明细科目	借方金额											贷方金额											√
			亿	千	百	十	万	千	百	十	元	角	分	亿	千	百	十	万	千	百	十	元	角	分	
合　计																									

会计主管：　　记账：　　复核：　　出纳：　　制单：

用记账凭证。这两种凭证在上一节已经详细介绍过。

* 如果按照是否经过汇总，可以分为两种：汇总记账凭证和非汇总记账凭证。

1. 汇总记账凭证

该凭证是为了简化登记总分类账的手续，根据同种记账凭证定期加以汇总，而重新编制的记账凭证。根据汇总方法的不同，又可以将其分为两种，即分类汇总凭证和全部汇总凭证。分类汇总凭证，是根据一定时期内的记账凭证，按它的种类分别汇总而填制的。全部汇总凭证，则是根据一定时期内的记账凭证全部汇总而填制的。

2. 非汇总记账凭证

该凭证指的是未经过汇总的记账凭证，上一节简单介绍的专用记账凭证和通用记账凭证都是非汇总记账凭证。

* 如果按其用途的不同，可分为三种：分录记账凭证、汇总记账凭证和联合记账凭证。

1. 分录记账凭证

该凭证是记录了会计科目、记账方向和金额的凭证，也是直接根据原始凭证而编制的。

2. 汇总记账凭证

它是为了减轻一些登记的相关工作量，根据记账凭证更深一步汇总，而编制的用以登记总账的记账凭证。它又可以分成两种：汇总记账凭证和记账凭证汇总表。

3. 联合记账凭证

这种记账凭证，不仅有原始凭证或原始凭证汇总表的内容，而且还有记账凭证的内容。

* 按其包括的会计科目是否单一，可以分为两种：复式记账凭证和单式记账凭证。

1. 复式记账凭证

该凭证又被称作多科目凭证，是把每一笔经济业务事项所包含的会计科目及其产生的发生额，都体现在一张记账凭证上的一种凭证。

2. 单式记账凭证

这种凭证又称作单科目记账凭证，是指每一张记账凭证上，仅仅只填写经济业务事项所包含的一个会计科目及其金额的记账凭证。

Easy-going

单式记账凭证的优点是内容单一，方便汇算每一会计科目的发生额，方便分工记账。其缺点是制证工作量大，且内容分散，不便于查账，还很容易出错。

记账凭证的种类

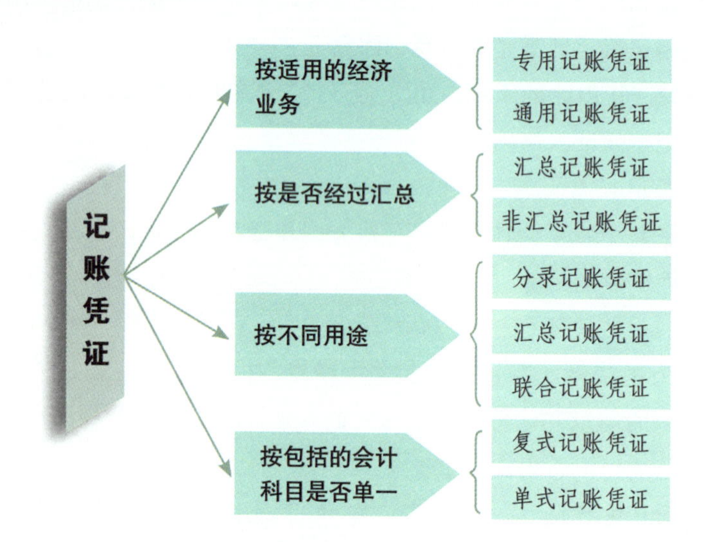

记账凭证基本内容及要求

记账凭证的种类很多，但是它的主要作用是对原始凭证进行分类、整理，并按照复式记账的要求，运用会计科目编制会计分录，以此登记在账簿上。所以，记账凭证具有以下几个基本内容：

（1）记账凭证的名称。

（2）填制记账凭证的日期。

（3）记账凭证的编号。

（4）经济业务事项的内容。

（5）经济业务事项所包含的会计科目及其记账方向。

（6）经济业务事项的金额。

（7）记账标记。

（8）所附原始凭证张数。

（9）出纳、会计主管、记账等相关人员的签章。

在编制记账凭证的过程中，要注意以下要求：

（1）凭证的各项内容一定要完整。

（2）记账凭证应连续编号。如果一笔经济业务需要在两张以上记账凭证上填制，可以采用分数编号法编号。

（3）填写记账凭证时，字迹要清楚、规范，其相关要求和原始凭证一样。

（4）填制记账凭证时，可以根据一张原始凭证填制，而很多张同种原始凭证汇编，也可根据原始凭证汇总表填制。但不能把不同内容和种类的原始凭证，汇编在一张记账凭证上。

（5）除了结账和更正错误的记账凭证可以不附原始凭证之外，其他记账凭证一定要附原始凭证。

（6）填制记账凭证时，如果出错应重新填制。如果已登记入账的记账凭证，在发现填写错误时，应该用红字填写一张内容和原来一样的记账凭证，并在摘要栏中注明“注销某月某日某号凭证”字样。与此同时，还要用蓝色的笔重新填制一张正确的记账凭证，并注明“订正某月某日某号凭证”字样。倘若会计科目没有出错，只是金额出错，可以将正确数字与错误数字之间的差额，编制成另一张调整的记账凭证。其中，调增金额用蓝字、调减金额用红字。如果发现之前年度记账凭证有错，应该用蓝色笔重新填制一张更正的记账凭证。

（7）记账凭证上经济业务事项的项目填制完之后，如有空行，应

编制凭证的要求

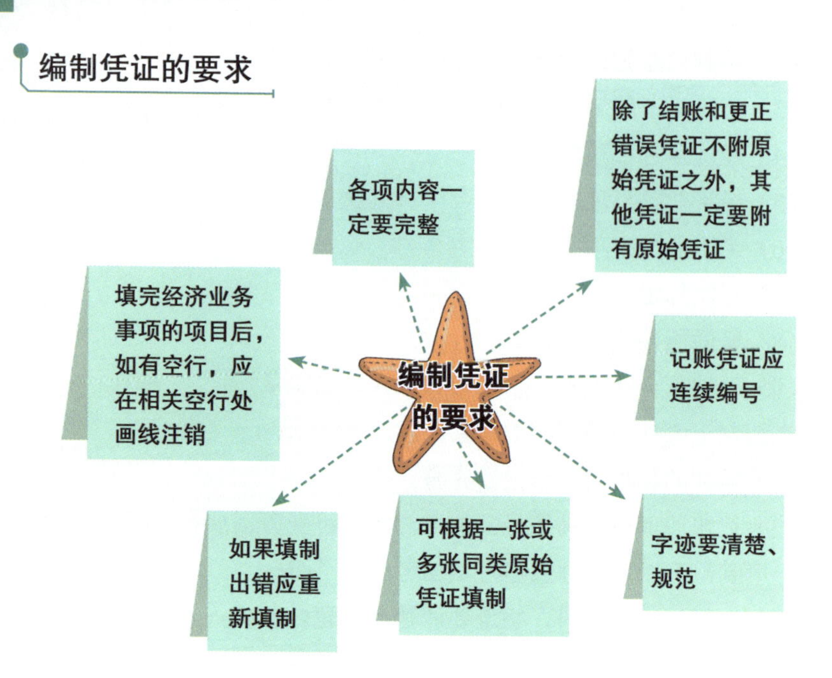

该在金额栏的最后一笔金额数字下的空行处，合计数上的空行处画线注销。

More

附有原始凭证的注意事项

一是记账凭证上所附原始凭证张数的计算，通常是以所附原始凭证自然张数为标准的。

二是如果一张原始凭证牵涉到几张记账凭证，可以将原始凭证依附在一张主要记账凭证的后面。并且在其他记账凭证上标明已附有的该原始凭证的编号或原始凭证的复印件。

三是一张原始凭证所出现的支出，需要由多个单位一起承担时，应该由保存该原始凭证的单位，开具原始分割单给其他承担支出的单位。原始凭证分割单一定要包含原始凭证的内容。

凭证的审核

凭证的审核，是指由具有职责权限的财务工作人员，根据相关规章制度，对已经填写好的凭证，针对其合法性和正确性进行检查，以确保每项经济业务的真实、准确、可靠，避免出现营私舞弊等不法行为。

原始凭证的审核

只有经过审核，没有出现任何更改和错误的原始凭证，才可以作为有效依据，用来编制记账凭证。审核原始凭证，主要包括以下几个内容。

Easy-going

根据会计工作制度有关规定的要求，填写凭证和审核凭证的不能为同一个人，制单员填写的每张凭证都必须经过审核人员的审核。

审核原始凭证的真实性：审核原始凭证中日期的填写、业务内容陈述和各项数据的填写等内容是否真实可信，有无弄虚作假的情况发生。例如：虚报冒领、巧立名目扩大开支、金额多计或少计等类型的凭证，都不具有真实的使用效力。

审核原始凭证的合法性：审核凭证所记述的经济业务是否符合国家相关的政策法规和规章制度，是否有违反经济制度的现象，是否有其他违法乱纪的行为。例如：擅自提高开支标准、滥发津贴、私立奖金名目等类型的凭证，都属于非法的原始凭证。

审核原始凭证的合理性：审核原始凭证所记录的经济业务是否出现铺张浪费等行为，是否符合活动计划、预算要求和活动需求，是否符合

Easy-going

任何具有审核资格的从业人员都必须自觉遵守相关政策、法令和规章制度，正确处理各种经济关系和往来业务，熟悉企业运营状况，切实发挥审核工作的监管作用。

提高企业经济效益的工作要求。例如，使用预算结余进行不必要的购物消费、对于无继续使用价值的物品进行报修处理等类型的凭证，都是不合理的原始凭证。

审核原始凭证的完整性：审核原始凭证的填写内容和相关签章是否齐全，是否有缺漏项目，是否有填写不清楚的现象。例如，漏记凭证接受单位明证、缺少制单员签章、业务内容填写不全等类型的凭证，都属于不完整的原始凭证。

审核原始凭证的正确性：审核凭证在数字计算方面是否出现失误，数字和文字的书写是否规范、工整、清晰，凭证的联次内容是否正确，凭证是否有刮擦、涂改或挖补的痕迹。例如，业务内容和金额不对应、业务设计单价和数量经过计算和结尾金额不符、凭证书写的数字出现涂改状况等类型的凭证，都不能作为正确的原始凭证进行使用。

发票的审核流程

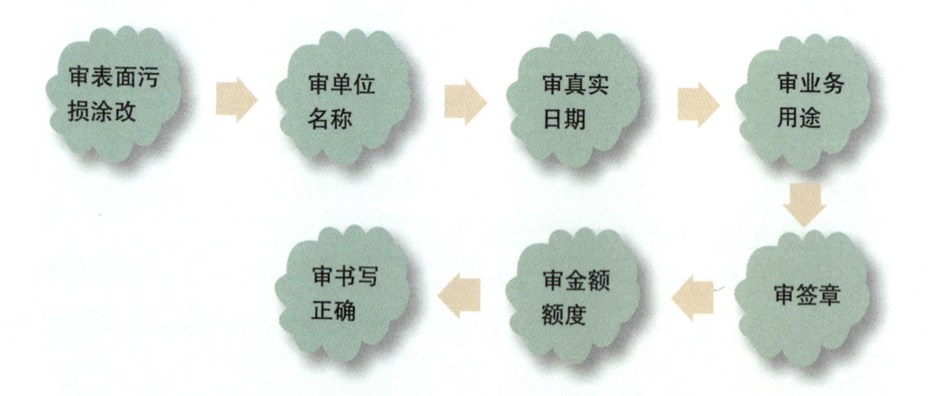

有问题的原始凭证的处理

财务会计工作人员进行原始凭证的审核时，必须严格按照国家相关经济法律的规定进行，认真执行《会计法》所赋予的各项职权，认真细致，坚持原则，坚决杜绝徇私舞弊等行为的发生。

对于不真实的原始凭证，工作人员要拒绝受理，不予进行财务工作处理。

对于不完整的原始凭证，工作人员要退回给原持有人，要求其补办手续或重新开具凭证。

对于不合法的原始凭证，工作人员在拒绝办理的同时，还要予以扣留，并及时向主管负责人报告，彻查原因，然后追究当事人的责任。

对于被遗失的原始凭证，要有原开出单位的有效证明，证明中需要注明遗失凭证的号码、内容和金额等，然后交由财务会计工作负责人进行审核批准后，才能作为原始凭证使用。

对于无法取得证明的凭证，需要由当事人将详细情况书面呈达会计工作负责人，并且经过审核批准后才可以作为原始凭证。

记账凭证的审核内容

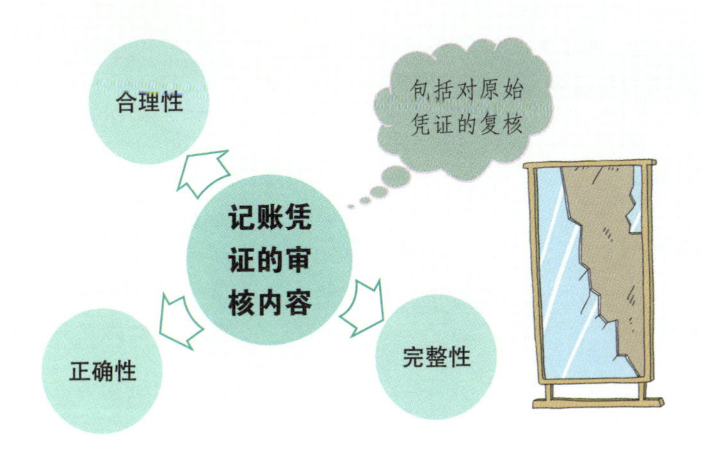

凭证的装订和整理

凭证的装订和整理是出纳最基本的日常工作内容。凭证是统计公司或企业一段时间内财政状况的重要资料，因此对凭证的装订和整理绝不能草率。

凭证装订机

凭证装订机是一种办公设备，是财务部门工作的必备工具，用于装封企事业单位的财务凭证和各种单据。经过装订机装封后的凭证单据外形美观，方便出纳查阅和整理，同时不容易丢失。和过去手工装订缝线相比，它大大缩短了工作时间，提高了实际工作效率。

装订机的装订规格一般指最大打孔宽度乘以打孔面积，其计量单位通常用毫米表示。

凭证装订机的工作原理是通过电动机械方式在凭证单据的固定位

凭证装订机的构成

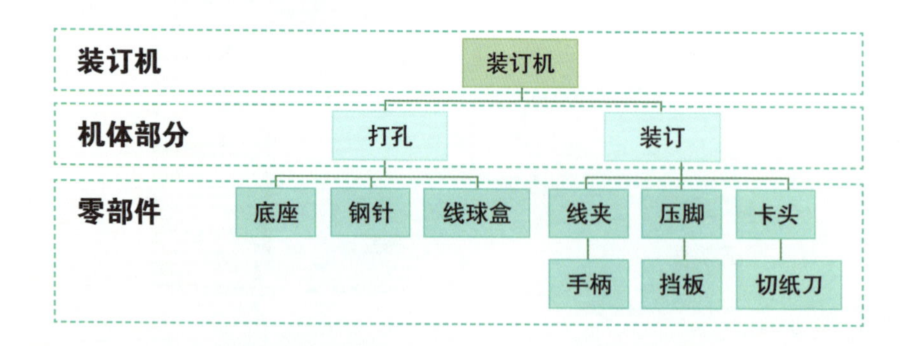

置打孔，然后通过专用的装订材料将全部凭证装订成册。它高效便捷、操作简单，因此，它不仅仅是出纳工作的必备工具，也广泛应用于金融机构、机关企事业单位的其他文档资料的整理。

有些单位财务部门的业务量很大，尤其是银行或金融机构，一个月的凭证可能有几千甚至上万张，装订起来有几十册，对这样的部门来说，装订机就大大发挥了其作用。

装订步骤

出纳在进行装订工作之前，最好先整理一下手里的单据，将其分类，然后根据凭证的数量设计一下，看看将其订成几册为好。

装订成册时一般遵循两个原则：每册薄厚程度尽量一致，基本保持在 1.5 ～ 2.0 厘米为最佳；最好将同类型业务的凭证装订在一起，方便最后的核算工作。

在正式装订之前，还要准备好凭证的封面和封底，封面和封底都应采用较为不易损坏的材质，如牛皮纸等。记账凭证封面要标清单位名称、凭证种类、凭证的起止日期，本札凭证的册数和张数，以及经办人员的签章等项目。

做好了所有准备工作，就可以操作装订机将分摊均匀的凭证装订成册了。在此，出纳人员要切记，操作装订机之前一定要仔细阅读使用说

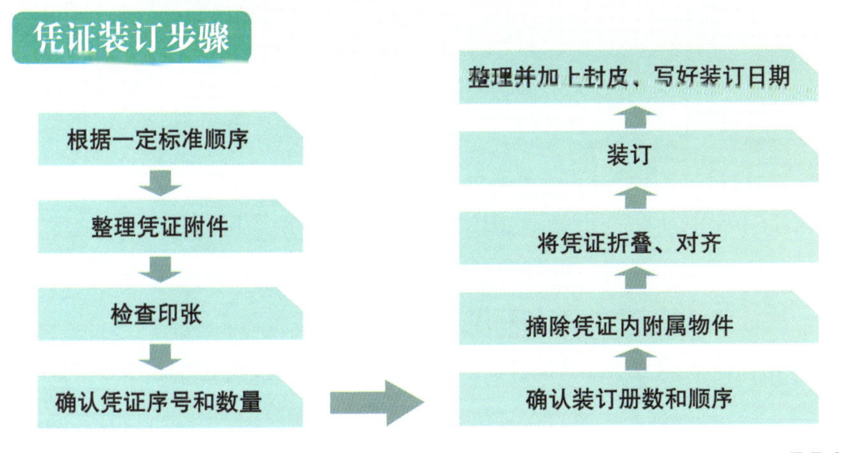

明书，明确其注意事项，不能疏忽大意。

装订方法

常见的装订方法有左边装订线处装订法，左上角包角装订法和夹塞法。左上角包角装订法相对另外两种外形美观，但操作麻烦，比较考验出纳的耐心和耐力。

夹塞法即在左边装订处夹塞。可用记账凭证边角料做塞，也可用牛皮纸或纸箱手工折叠制作成塞，这个可以根据出纳的个人爱好和熟练程度来自行决定，并没有特定的要求。

小故事

装订的错误

小张是公司新招聘来的出纳，凭借前几年的出纳工作经验，他工作起来有条不紊，并很快得到了部门领导的肯定。一天，领导甚至私下表扬了他，并告诉他可能让他提前转正。可没过几天小张却被人力资源部门告知由于试用期不合格，他将不被继续录用。原来小张凭借自己是电子产品“发烧友”，在对公司使用的装订机不熟悉的情况下，错误地操作了装订机，不仅导致装订机损坏，还将所有的月末凭证毁坏作废，给整个财务部门的工作带来了巨大的麻烦。

会计凭证的装订

会计凭证的装订也是会计档案装订的一部分，其装订内容主要包括会计凭证、会计账簿、会计报表及其他文字资料。会计装订一般每月进行一次，装订好后按照时间顺序妥善保管归档。

装订线要放在凭证封皮的里面，尽可能缩小其所占部位，从而便于对凭证附件的查阅；

凭证封面最好选用牛皮纸，规格要稍大于所附记账凭证；

装订凭证厚度保持在1.5~2.0厘米，这样做是为了确保装订牢固，外形美观；

每册封面上填写好起止日期、每册页数，要有会计人员和装订人员的盖章签字；

在封面上编好卷号按照顺序入柜存档；

各种会计账簿年度结账后，除跨年使用的账簿外，其他账簿也应按照会计账簿封面、账簿启用表、账户目录、会计账簿装订封底的顺序进行装订。

会计报表也要在编制完成并报送后，及时装订成册，以防止丢失，给日后工作带来不便。小企业会计业务量小，凭证张数不多，可按季度装订成册。

会计报表装订顺序为：会计报表封面、会计报表编制说明、各种会计报表按会计报表的编号顺序排列、会计报表的封底。

会计凭证装订的步骤

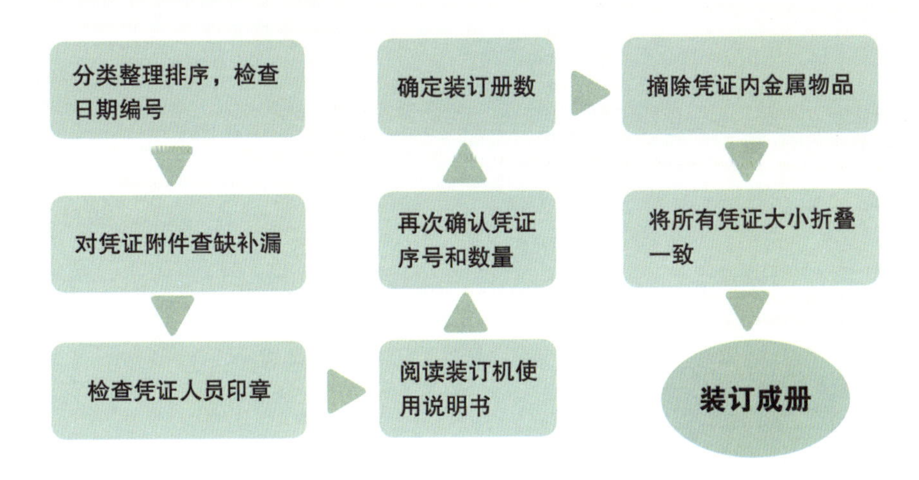

第5章

复式记账法

账务漏洞自古就存在，人们也都一直在寻找修补漏洞的方法。只是凡事无绝对，即使是再严谨的记账方法，也会被钻空子。既然财务舞弊无法避免，就应该争取将财务漏洞降到最低限度，而复式记账法便是一种破绽最小的记账方式。

本章教你：

▶什么是复式记账法？

▶复式记账法的作用有哪些？

▶复式记账法的特点是什么？

▶如何正确使用复式计账法？

记账方法

法律规定了什么类型的企业该用什么样的财会模板记账，但是在实际操作中，企业会自己选择记账方法来迎合需要。对出纳来说，掌握各种记账方法是必要的。

记账方法概述

记账就是将个人、家庭或企业中的经济状况通过特定的记账方式记录到账簿中。广义上来讲，就是把其经济业务的来龙去脉按照一定的顺序登记出来，以便检查核对。具体来说，个人日常生活的开支、家庭每月所消耗的经费、企业经济业务的收付与进出等，这些都可以通过记账的方式一一列示。

根据企业自身的经济状况，运用特定的记账方式，采用专业记账符号将经济业务的来龙去脉记录在账簿中，便是记账方法。其实需要记账的地方有很多，拿企业来讲，出纳金钱、仓库物资的进出等都需要在账簿中登记。

Easy-going

记账是理财的第一步，迈开了这一步，很快就能踏上理财的康庄大道。

记账方法的分类

由于企业记录经济进出状况的方式各不相同，又将记账方法分为两类，即单式记账法和复式记账法，其中复式记账法由借贷记账法、增减记账法和收付记账法构成。目前，世界上通用的记账方法就是复式记账法中的借贷记账法，而收付记账法与增减记账法都是由单式记账法逐步发展、演变为复式记账法的。

一、单式记账法

单式记账法是指企业对自身的经济状况仅仅采用单账户的记录方法，也就是需要什么资料便记录什么资料，账户之间不存有任何联系，彼此独立，没有相互对应平衡的概念。这种单账户的记录方式虽然简单方便，却不能保证记录的完整性，通常可用于记录实物，或者记录银钱收付和债权债务结算业务。

采用单式记账方法只能反映出企业经济状况的一个侧面，由于会计记录之间没有什么相互对应平衡的勾稽关系，所以无法全面地反映出企业的经济状况，账簿记录也就缺乏正确性。

二、复式记账法

单式记账法逐步发展、演变，便有了复式记账法的存在，它把同样的金额分别记录在两个或多个账户中。复式记账法种类很多，比如常见的借贷记账法、增减记账法和收付记账法等都属于复式记账法。我国的预算会计曾一直采用收付记账法，自 1998 年开始，已经完全改为借贷记账法。

这种对经济状况双重记录的方式，不仅可以全面地反映出企业经济往来的来龙去脉，还确保了账簿记录的正确性。如今，复式记账法被世

记账方法的分类

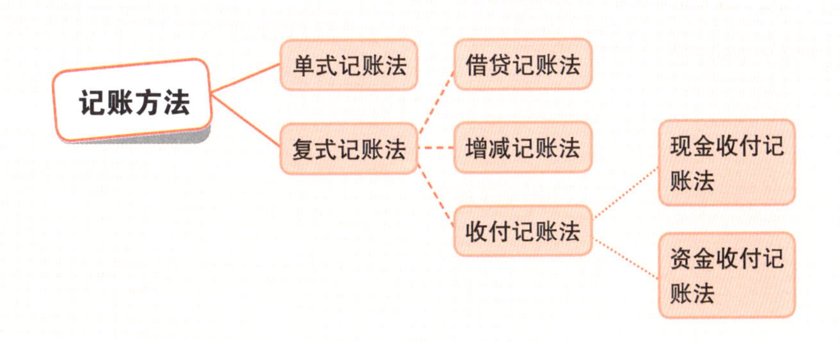

小故事

复式记账法简单举例

一位商贩卖出了10瓶饮料，共收入40元，他就在账簿中的“饮料库存”一栏中写下“-40元”，在账簿的“现金”一栏中写下“+40元”。这种双重记录的方式便是复式记账法的基本思想。若企业把每一笔经济业务往来都用这种方式登记出来，那么企业的结算体系便随时可以建立。

界各国广泛采用，已经成为一种科学的记账方式。

中国古代的记账方法

古代人类的记账方法代表着史前文化的基本特点，虽然有最原始的文字、语言等各方面的内容，却不具备鲜明的专业特性。

一、旧石器时代的计量、记录方法

中国旧石器时代的计量、记录方法分为两种，即简单刻记与直观绘图记数、记事。原始人类最初采用的计量方法便是通过简单刻记记录的，他们用以刻记的工具以石器为主，在一些石片或动物的骨片上面刻画出自己明白的所代表数量或事物的标记。

Easy-going

登记客观发生或存在的经济业务状况时所采用的方式，就是中国古代的记账方法。

直观绘图记数、记事与简单刻记的计量、记录方法并存。由于原始人类忠于写实，所以他们在绘制自己想要表现的数量或事物时，通常不厌其烦地细心刻画。比如有原始人捕获了三只山鸡，就会在骨片或所住的山洞岩壁上详细地绘制出三只山鸡的模样。

二、新石器时代的计量、记录方法

新石器时代的计量、记录方法是通过简单的刻画符号去记录相对应的数量级事物的。这个时期的人类，在计量、记录方法应用方面已经有了新的突破，不再具体、详尽地去刻画所代表的数量与事物，而是采用简单易认的图画符号去显示计量、记录的结果。

三、原始社会末期的结绳计量、记录方法

原始社会末期的结绳计量、记录方法是通过结绳的计数方式对数量或事物进行记录的，他们可通过结绳计量、记录的方法记录日常交易货物的种类与数量。比如想记录一件大事，他们就会在绳子上打一个比较大的绳结；若是日常琐事，则会在绳子上打一些小的绳结。而所打绳结的多少便是所记事情的多少。

中国古代的记账方法

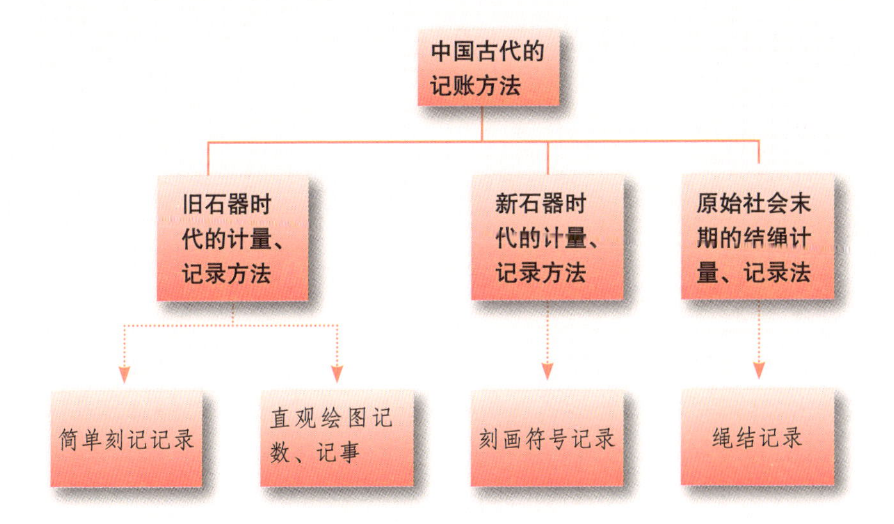

5

复式记账法的诞生和优点

采用复式记账法的方式一方面能对经济业务状况的过程与结果有详尽的了解，另一方面也能确保账簿记录的正确性。那么复式记账法究竟来源于何处？具有哪些优点？本节我们就对这两个问题进行详细解答。

复式记账法的诞生

1494 年，意大利教士卢卡•帕奇欧里在总结了阿拉伯与意大利商人的记账方式之后，在热那亚公布了他发明的复式记账法。当然，卢卡•帕奇欧里并非是传统意义上的发明者，复式记账法大约经历了三个世纪的时间，才终于诞生于世，如今它是世界通用的账簿记录方法。期间，复式记账法共经历了三个不同的发展阶段，即佛罗伦萨式、热那亚式、威尼斯式。

Easy-going

复式记账法的发展阶段，从萌芽期到趋于完善，大约经历了 300 年的历史（13 世纪初至 15 世纪末）。

13 世纪初，意大利中部的佛罗伦萨城中的银行家开始使用簿记的记账方式，这便是复式记账法的萌芽期。目前，在佛罗伦萨的梅迪奇拉•乌莱芝纳图书馆还保存着这种最古老的会计账簿。其主要特点如下：

（1）记账方法采用转账的方式。

（2）记账对象仅限于债权债务人（人名账户）。

（3）记录形式采用叙述式（借贷上下连续登记）。

复式记账法的发展阶段

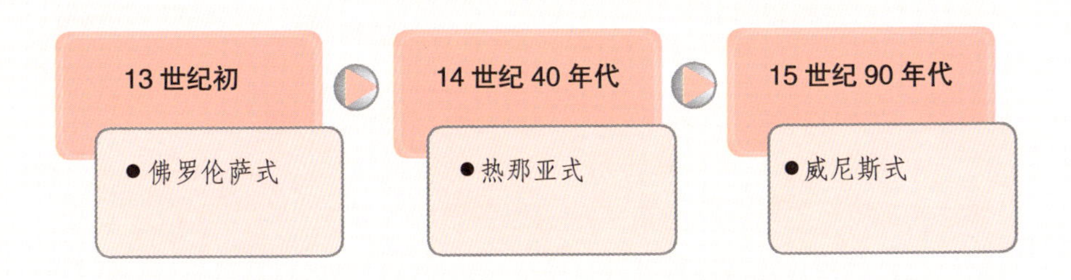

14 世纪 40 年代，会计界公认的世界上最早具备复式记账特征的会计记录在意大利最大的商港热那亚诞生。这个时期被称为复式记账法的改良期，以热那亚市政厅的总账为代表。其现藏于热那亚古文化馆，主要特点如下：

（1）记账方法采用复式记账方式。

（2）记账对象除了债权债务人（人名账户）之外，还包括商品、现金（物名账户）。

（3）记录形式采用左借右贷账户对照式（两侧型账户）。

15 世纪 90 年代，意大利会计之父卢卡•帕奇欧里所著的《算术、几何、比及比例概要》正式出版，书中所记录的复式记账法的优点及其方法得到了世人的称赞与认可。直到 19 世纪 50 年代，世界上第一个会计职业团体——爱丁堡会计注册协会在爱丁堡建立，它的诞生标志着会计从此正式成为一门独立的职业。这段时期的发展使复式记账法逐渐趋于完善，其主要特点如下：

（1）记账方法采用复式记账方式。

（2）记账对象除了债权债务人（人名账户）、商品与现金（物名账户）之外，还包括损益与资本（损益账户与资本账户）。

（3）记录形式采用账户式。

复式记账法的优点

企业内部的任何一项经济业务必然离不开资金的存在，而任何经

小故事

复式记账法的记账方式

事例：企业从银行借入资金 4 000 元，归还以前所欠的应付账款。

企业从银行借入资金 4 000 元，也就是说企业的短期借款项目增加了 4 000 元，与之相对应的应付账款这一项目减少了 4 000 元。因此，在账簿中登记的时候，应该在短期借款这一项目账户的贷方和应付账款这一项目账户的借方分别记下 4 000 元。

济业务必然会存在资金的来龙去脉，且资金的去向与资金的来源是相对统一的。会计学中把这种各个方面都必须与总额相对应的概念称之为会计恒等式，也是复式记账法的原理依据，即资产等于权益。由于这一公式在数量上是恒等的，所以又称为会计平衡公式、会计等式或会计方程式。

根据复式记账原理，企业任一项经济业务都可以在两个或多个账户中记录相等的金额，不仅登记金额的来源，也登记金额的去向。这样一来，每项经济业务入账后都能达到资产与利益相均衡的目的。

目前，复式记账法是一种相对比较完善的记账方法，国际通用。它的主要特点就是对经济业务的来龙去脉进行双重记录，全面记录经济业

会计恒等式

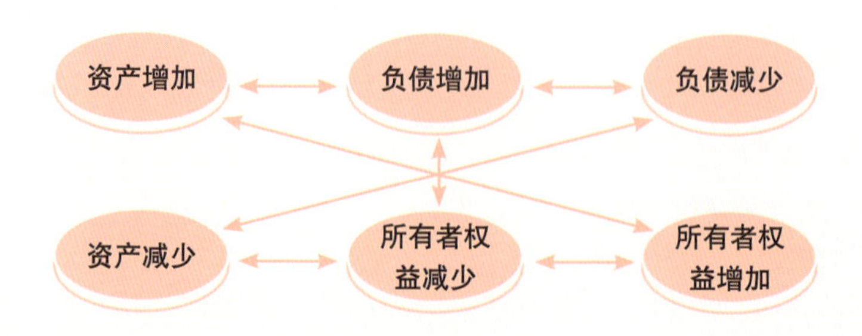

复式记账法的优点

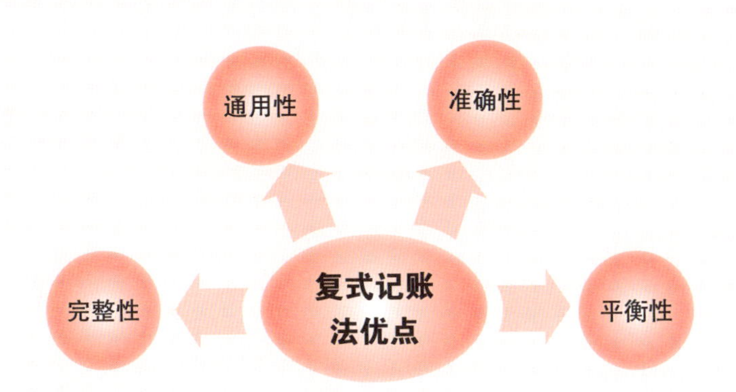

务的过程和结果，并对各账户的记录结果进行试算平衡。

复式记账法较好地体现了资金运动的内在规律，系统地反映出资金的增减变动及经营成果的来龙去脉。采用复式记账法，能够在两个方面的账户之间形成一种数字上的对应平衡关系，可以完整、全面地了解各项经济业务的全貌，并可根据会计要素之间的内在联系和试算平衡，确保账簿的准确性。

More

不同背景下的会计恒等式

不同的会计期间，它的会计恒等式的表示方法也不相同。

资本主义社会：资本利润 + 资本或资产 = 负债 + 业主权益

在股份制企业：资产 − 负债 = 股东权益

社会主义社会苏联：资金占用 = 资金来源

新中国成立前：资产 − 负债 = 资本，资产 − 负债 = 业主权益，资产 − 负债 = 股东权益

新中国成立后：资金占用 = 资金来源

改革开放时期：资产 = 负债 + 所有者权益

复式记账上的总计

相对于单式账簿中的合计而言，复式记账上的总计更能保证经济业务来龙去脉的正确性，所以复式记账法才会被广泛运用。

什么是总计

总计，顾名思义，就是总括起来计算的意思。在复式记账上的总计就是指企业的流动、固定、递延等全部资产的总的合计。

Easy-going

合计是指数量或事物统计量的和，而总计是指各类事物的总数量。总计的范围要比合计的范围广。

有些人对合计与总计的区别与联系不是很理解，其实二者都是统计学中常用的两个数学术语，可在同一张表中同时出现。虽然二者只有一字之差，但是所代表的含义却各不相同。不管是合计还是总计，二者都是根据统计表的性质和需要来确定的，通常单式的统计表中会用合计。例如股东权益合计这一项不包含流动负债和非流动负债，只是股东权益内部实收资本、未分配利润等几个项目的合计而已。

在复式的统计表中，合计与总计是并存的，而且在同一张表中，合计的数值要与总计的数值相等，运用这种方式是为了保证结果的正确性。例如在资产负债表中，资产总计在左边；负债的合计与所有者权益的合计，两者相加之后才是负债与所有者权益的总计，处于资产负债表的右边。

借方和贷方总计平衡

“借”“贷”二字是复式记账法中的一种记账符号，表示会计账户的增减。左方为借方，右方为贷方。对于资产类、费用类的账户，借方代表资产的增加，贷方代表资产的减少，账户的余额在借方；对于负债类、所有者权益类、收入类账户，借方代表负债减少，贷方代表负债增加，账户的余额在贷方。

账簿记录是否正确，必须通过试算平衡进行验证。

借方和贷方的总计平衡也称为试算平衡，是根据会计恒等式与复式记账的原理，对本期各账户的全部记录进行汇总、试算，以确保账簿记录的正确性。借贷记账法的试算平衡有发生额和余额平衡法。根据“有借必有贷，借贷必相等”的试算平衡规则，发生额的试算平衡公式为：全部账户本期借方发生额合计数 = 全部账户本期贷方发生额合计数。根据会计恒等式，余额的试算平衡公式为：余额账户期末借方合计 = 全部账户期末贷方合计。

试算平衡只是通过账户借贷方金额的平衡与否来检查账户记录正确性的一种基本方法。如果借贷不平衡，可以肯定账户记录或计算有错误，应进一步查明原因，予以纠正。如果借贷平衡了，却并不意味着账户记录完全正确，因为有些账户记录错误不会影响借贷双方的平衡关系。如发生重记、漏记、错记账户或记反借贷方向时，试算结果仍然是平衡的。因此，为保证账户记录的正确性，除试算平衡外，还应采用其他的专门方法对会计记录进行日常或定期的复核。

实收账

实收账就是实收资本，指投资者根据企业自身的章程规定或契约的相关条例，向企业投入的实际资本。实收资本是企业永久性的资金来源，是保证企业能够继续经营与偿还债务的物质基础。按投资主体分类，可将企业资本分为六类：

1．国家资本

这是指有权代表国家投资的政府部门或机构以国有资产投入企业形成的资本。不论企业的资本是哪个政府部门或机构投入的，只要是以国家资本进行投资的，均作为国家资本。

2. 集体资本

这是指由本企业劳动群众集体所有和集体企业联合经济组织范围内的劳动群众集体所有的资产投入而形成的资本金。

3. 法人资本

这是指其他法人单位投入本企业的资本。

4. 个人资本

这是指社会个人或者本企业内部职工以个人合法财产投入企业形成的资本。

5. 我国港澳台资本

这是指我国香港、澳门特别行政区和台湾地区的投资者投入企业的资本。

6. 外商资本

这是指外国投资者投入企业的资本。

实收资本的分类

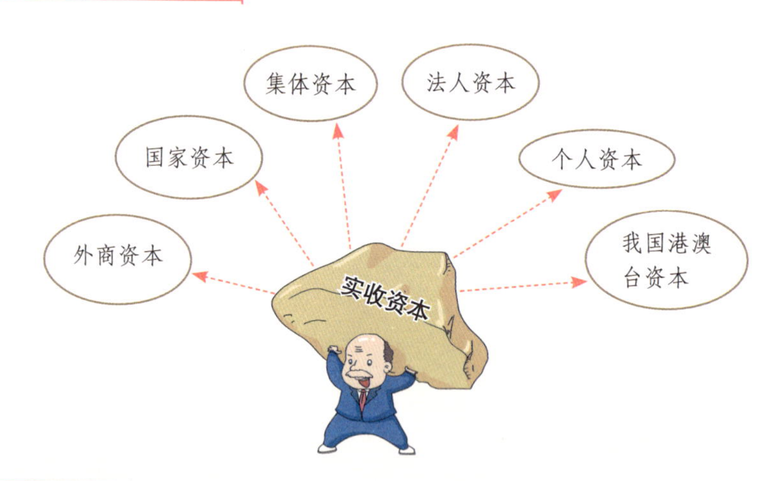

虚拟账

虚拟账就是我们日常所说的假账，虚拟账没有真实反映各项交易或事项的实际状况。财务漏洞很容易就会造成报表数据的失真，当差错是

实收资本常见的账务处理

常见账务	借	贷
收到投资者投入的货币资金	库存现金（或银行存款）	实收资本
收到投资人投入的房屋、机器设备等实物，按评估确认价值	固定资产	实收资本
收到投资者投入的无形资产等，按评估确认价值	无形资产等	实收资本
将资本公积、盈余公积转增资本	资本公积（或盈余公积）	实收资本

由财务人员的主观意识造成的，那么假账就形成了。

最常见的虚拟账有现金业务、银行存款两种作假方式，其中现金业务作假方式有少列现金收入总额，要空白发票、多计费用，涂改凭证、获取利差等；银行存款作假方式有擅自提现、制造余额差额、出借转账支票等。

虚拟账的作假方式

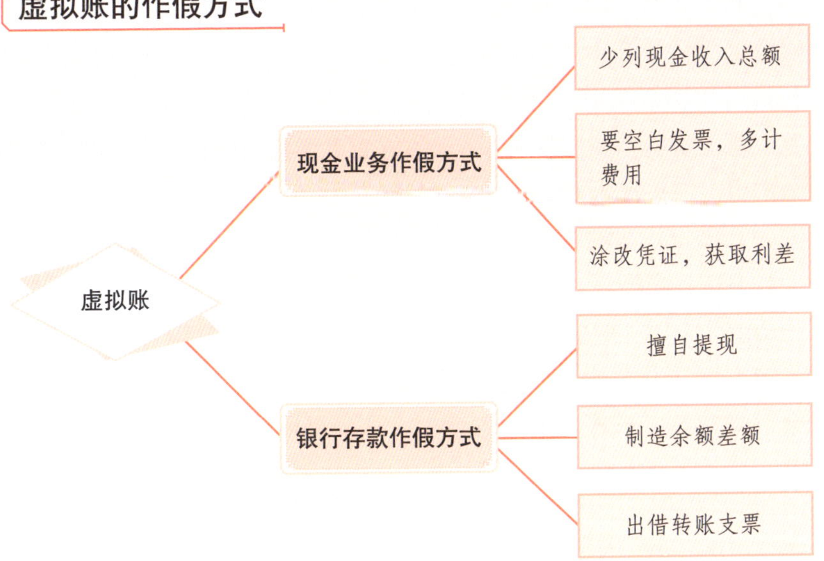

5

复式记账法的类型

复式记账要求对任何一笔经济业务都要进行双重登记，以遵循会计恒等式“资产 = 负债 + 所有者权益 +（收入 - 费用）”，达到财务平衡的目的。复式记账法在其发展过程中，曾有借贷记账法、收付记账法、增减记账法等几种复式记账方法。然而，复式记账法的每一种类型都有着不同的特点，需要企业精心选择适合自己的记账方式。

借贷记账法

借贷记账法的全称是借贷复式记账法，是目前国际上通过会计法则规定的记账方法。

Easy-going

2007 年，我国有关法规规定“会计记账采用借贷记账法”，此后借贷记账法成为我国各行各业统一采用的记账方法。

（1）借贷记账法的记账符号主要以借、贷二字为主，把账户也分为两个部分，用以指明应记入账户的方向。其中借的方面主要包括增加资金占用，减少资金来源，增加费用和减少收入；而贷的方面主要包括增加资金来源，减少资金占用，增加收入和减少支出。

（2）借贷记账法遵循“有借必有贷，借贷必相等”的平衡记账规则，对于每一项经济业务都要记入两个或两个以上的账户中，并分别记入一个或一个以上的借方和一个或几个的贷方。

（3）资产 = 负债 + 所有者权益。在借贷记账法中，每个账户的借方余额必须等于该账户的贷方余额，这也是检验借贷记账法正确性的标准。

借贷记账法的特点

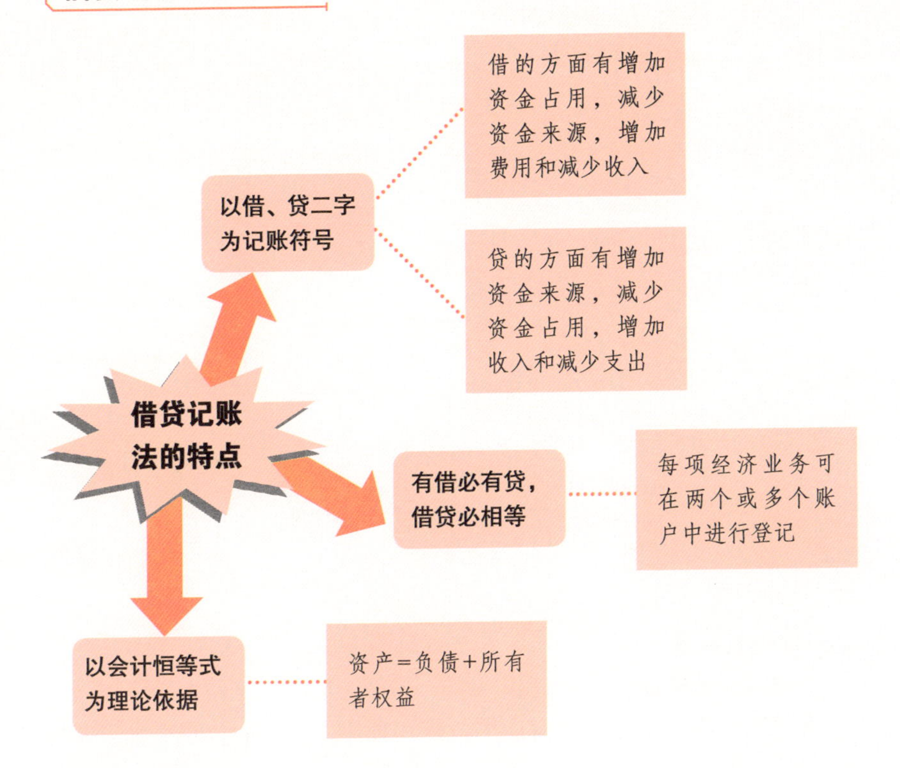

增减记账法

增减记账法以“资金占用=资金来源”为理论基础，是一种反映由经济业务引起的会计要素增减变化的复式记账方法，曾在我国会计实务中实行。1964年，开始在我国商业系统中全面推行这种记账方法。其主要特点如下：

（1）以“增”“减”为记账符号，所有账户都分为增减两方，将会计科目固定分为资金来源和资金占用两大类。无论是资金占用，还是资金来源，只要数额增加，就记入有关账户的增方，减少就记入有关账户的减方。

（2）以“两类科目记同增同减，同类科目记有增有减”为记账规则。凡涉及资金占用账户和资金来源账户同时增加（或减少）的经济业务，分别记入两类有关账户的增方（或减方）；凡涉及资金占用（或资金来源）类账户之间此增彼减的经济业务，则分别记入该类有关账户的增方和减方。

（3）用差额平衡公式检查账户记录的正确性和完整性。

增减记账法的特点

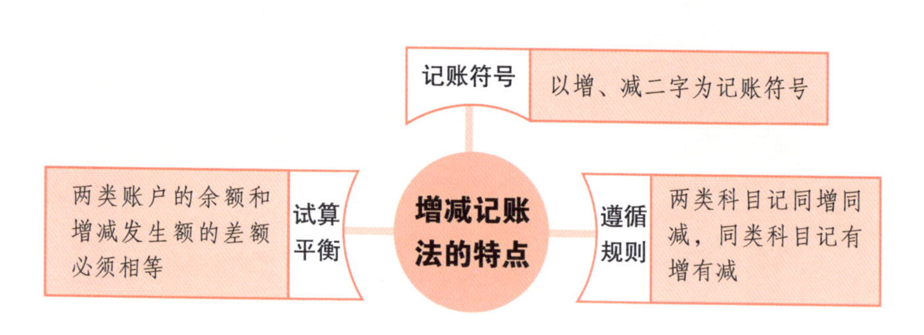

收付记账法

收付记账法在国内外都有运用，是一种用“收”和“付”来表示资金的运用、来源和变动的记账方法。收付记账法除了有复式之外，还有单式收付记账法。我国采用的收付记账法多为复式，主要有钱物收付记账法与资金收付记账法。

1．钱物收付记账法

这就是指记录经济业务时以钱和物为中心，此方法在我国广大农村地区使用甚广，其主要特点是：

（1）实际操作中，会计科目分为“钱物类”和“收付类”。“钱物类”指的是现金、存款、固定资产和粮食等。“收付类”又分为收入类和付出类，收入类指的是农业收入、副业收入、其他收入、公积金、公益金和暂收款；付出类指的是农业支出、副业支出、其他支出、管理费、待摊费用、基建投资和暂付款等。

（2）钱物收付记账法以“两类科目，同收同付；同类科目，有收有付”为规则。例如，农民在购买化肥时可以记下，收：化肥 ×× 袋，付：存款 ×× 元。

（3）检验钱物收付记账法正确性的原则是：收入－付出＝结存。

2．资金收付记账法

该记账方法以预算资金和预算外资金的收付为中心，在我国主要用于行政事业单位。它的特点是：

（1）其会计科目分为资金来源类、资金运用类和资金结存类三类。资金来源类是指固定资产基金、拨入经费和预算外收入等；资金运用类指的是经费支出和拨出、预算外支出等；资金结存类包括现金结存、经费材料结存、固定资产结存和其他结存等。

（2）资金收付记账法以“资金结存总额增加的业务，记同收；资金结存总额减少的业务，记同付；资金结存总额不变的业务，记有收有付”为法则。例如，用存款购买原料，记，收：原料，付：存款。

（3）检验资金收付记账法的原则是：资金来源－资金运用＝资金结存。

收付记账法的特点

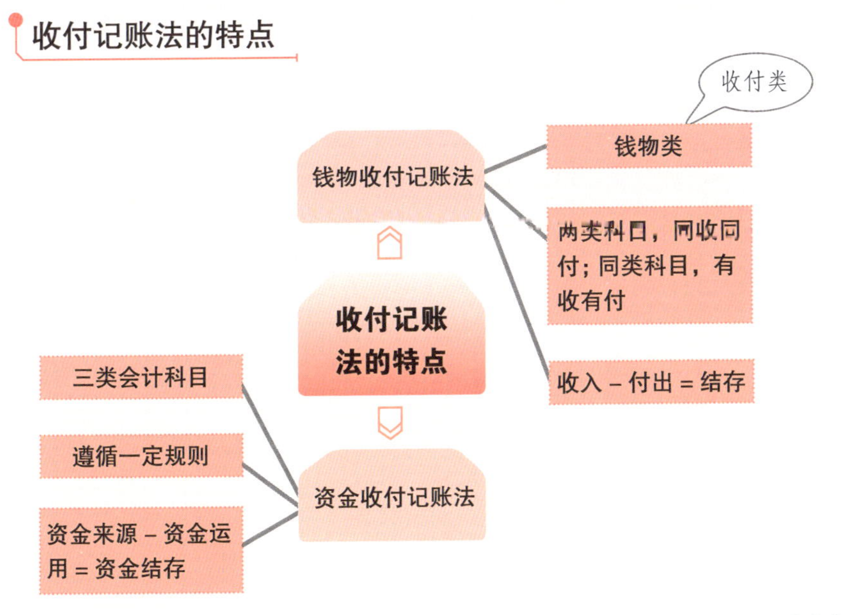

复式记账账簿案例分析

了解了复式记账法的产生、类型、优点及其原理，下面我们就来看一些复式记账账簿的案例，以便更好地掌握复式记账法的计算方式。

制造业企业资金筹集业务投入资本的会计处理

（1）接受货币资金投资时，记为：

借：银行存款 / 库存现金

贷 : 实收资本

（2）接受厂房、设备等固定资产投资时，记为：

借：固定资产

贷：实收资本

（3）接受专利权、商标权等无形资产投资时，记为：

借：无形资产

贷：实收资本

制造业企业资金筹集业务借入资本的会计处理

（1）短期借款的会计处理。

取得短期借款本金时，记为：

借：银行存款

贷：短期存款

归还短期借款本金时，记为：

借：短期存款

贷：银行存款

（2）利息的会计处理。

按期支付利息，记为：

借：财务费用

　贷：银行存款

按预期提，定期支付。每期预提时，记为：

借：财务费用

　贷：应付利息

支付预提利息时，记为：

借：应付利息

　贷：银行存款

（3）长期借款的会计处理。

向银行借入偿还期在一年以上的款项时，应记为：

借：银行存款

　贷：长期存款

按月计提长期借款利息时，应记为：

借：在建工程（或财务费用）

　贷：应付利息

归还长期借款本金及利息时，应记为：

借：长期借款

　　应付利息

　贷：银行存款

错误案例分析

顾宸与谢涛合资开了一家蛋糕房，其烘焙的芝士蛋糕非常有名，为蛋糕房盈利不少。但是顾宸与谢涛没有一个是懂会计的，他们觉得只要在日常业务记录中采用复式记账法就行了。于是，他们两个就设计了一个记录蛋糕房经济来龙去脉的系统。下列便是蛋糕房上个月所发生的交易情况：

（1）收到顾客订单，商品发出后收到现金 1 000 元。

（2）发出订单，订购价值 500 元的商品。

（3）商品被顾客接收，收到现金 1 000 元。

（4）收到所订购商品，支付现金 500 元。

（5）向银行支付临时借款利息 400 元。

（6）赊购价值 6 000 元的设备。

下面便是顾宸与谢涛对以上业务往来的记录情况。

负债＋所有者权益	＋（收入－费用）	＝资产
	销售商品+1 000元	收到商品订单+1 000元
	存货支出−500元	发出订购商品订单−500元
		现金+1 000元
顾客收到商品−1 000元		
应付账款−500元		收到所订购商品+500元
	利息支出−400元	支付现金−400元
应付账款 6 000元	设备支出−6 000元	赊购设备

但是复式记账法的具体操作方式不是这么简单的，他们对蛋糕房日常业务的记录违背了复式记账法所遵循的原则与要求。具体处理方式如下：

（1）收到顾客的订单，说明并没有实际发生商品交易。商品既然没有发出，在收到顾客订单的时候就不能确认收入，更不能把其作为增加的资产去处理。

（2）发出订购商品的订单，只能说明订购商品的意向。在没有实际收到所订购商品及其票据之前，不能把其作为增加的资产处理，也不能马上确认费用的增减。

（3）顾客接收商品后所得到的现金，应该按照权责发生制原则的要求把其确定为本期的收入，并增加资产（现金）价值。也就是说不仅要反映出资产所增加的1 000元，也要反映出现金增加收入的1 000元。

（4）收到订购商品后支付现金这一行为，说明在商品增加的同时现金在减少。也就是说一项资产增加，另一项资产减少，这项经济业务不涉及负债的变动。

作为会计主体的企业单位来说，确认收入、费用、资产和负债应该采用权责发生制原则，即按照收入的权利和费用的责任，以实际发生的为标准。

（5）用现金支付银行利息的做法没有错误。

（6）赊购价值6 000元的设备，顾宸与谢涛按照应付账款这项将负债增加6 000元，这样的处理方式是正确的，但是设备的增加应作为资产的增加处理，而不能作为费用处理。

根据以上的处理可知：在上个月，蛋糕房作为会计的主体，其资产增加6 600元（1 000+500−500−400+6 000），负债增加6 000元，所有者权益没有发生变化，收入增加1 000元，费用增加400元，所以利润增加600元（1 000−400）。也就是说，蛋糕房上个月资产增加的6 600元中，由于负债的增加而引起资产增加了6 000元，由于利润的增加而导致资产增加了600元。

小故事

复式记账法运用实例

某公司购入材料，贷款30万元尚未支付。会计部认为此业务涉及资产中的“原材料”账户和负债中的“应付账款”账户，需要同时在这两个账户中记增加30万元。不久后，该公司被评为市级精神文明企业，市财政局奖励他们设备一台，价值15万元，会计部在这两个账户中分别记增加15万元。

第6章

管理好现金才是合格的出纳

管理现金是出纳最基本的工作之一。

本章教你：

- ▶什么是现金及约当现金？
- ▶出纳该怎么处理库存现金？
- ▶现金登记该怎么进行？

在每一笔业务发生前，出纳需要准备好足够的现金；业务发生时，跟进每一笔现金的流动状况；业务发生后，做好现金账；从整体的状况出发，时刻关注现金流的充足情况和流动……这些可以说是出纳最基本的工作。能否在企业要求（领导指示）下甚至企业要求（领导指示）前做好现金管理工作，是是否具有出纳资格的最基本的判断标准。

现金管理法规和制度

每一个单位都有自己的现金管理制度，虽然在具体细节上都略有差别，但是都是在国家对企业、事业单位现金使用管理制定的法律规定的前提下，结合本单位的实际工作情况做出的规定，出纳需要把握这些现金管理法规和制度的关键。

库存现金限额

一般认为，现金是私人财产，可以自由支配，然而在出纳工作上不是这样的，企业经由出纳使用现金受到严格的限制，其中最为突出的限制就是库存现金限额规定。

所谓的库存现金限额，就是指为了更好地了解企业的经济状况，国家规定，除了一些零星支付的现金外，其余所有的资金往来都必须通过银行进行。这里，所有零星支付的现金总额就是库存现金限额。

库存现金限额是根据企业所从事行业和企业规模的大小，在领取营业执照时规定的。然而这个数额并不是固定的，由单位的实际需要和单位距离开户行的远近决定：一般要求满足单位 3~5 天的零星支付，如果特别远的话时间可以放宽，但是最高额度不得超过 15 天。

商业企业的零售门市部需要保留找零备用金，其限额可根据业务经营需要核定，但不包括在单位库存现金限额之内。

出纳在接手工作前，就必须明确本单位的库存现金限额，然后核实每天的现金结存数，超过限额则需要存入银行，现金不足则需要向银行申报，提取现金。

Easy-going

子公司可以和母公司拥有相同限额的最高现金限额，所以企业可以通过设立一个空壳的子公司，来规避政策对库存现金限额的限制。

如果出纳在接手工作后，发现库存现金限额限制了自己的工作，那么就需要准备好日常工作的记录作为证据，然后在下一年度，向银行重新申请库存现金限额。

库存现金限额核定程序

单位和银行协商核定库存现金限额

- 库存现金限额=每日零星支出额×核定天数

→

单位填制“库存现金限额申请批准书”

- 出纳和会计的工作。

→

单位将申请批准书报送单位主管部门

- 主管部门签署意见，递交银行

→

银行核实批准

- 日常工作中，银行会根据这一事项限制企业现金往来

库存现金管理制度

企业的库存现金管理制度一般来说有以下几点需注意的地方：

1. 分类保管纸币和铸币

出纳人员需要对库存现金按照货币的种类、纸币的面额、铸币的大小等进行分别处理，并计算库存现金余额总数。

2. 现金与收支凭证核对

将每天所有的凭证进行归总，并将现金总数和这个结果比较，如果发现偏差，必须及时纠正。

3. 现金日记账与现金总分类账的核对

虽然日记账最后的总额和库存现金数额恰好齐平，但是事实上现金账的组成和分类并不一定会和库存现金数额相等，所以还要通过分类账

小故事

一分硬币

我国的库存现金管理制度执行得不是很严格，因而到了国外，一些在国内“懒散”惯了的企业就会极度不适应。某企业国外分公司的出纳在整理完现金后，发现超出了库存现金限额一美分，便很自然地像他在国内工作那样不做处理。可是没过多久该企业便被国外当地银行罚款100美元并扣除一个信用点。经历了这么一个教训，这家企业和这个出纳才知道“老外”把出纳表格中的数据看得有多重。

来核查最终数据。

4．现金日记账与库存现金的核对

首先结出当天现金日记账的账面余额，再盘点库存现金的实有数，看两者是否完全相符。一般通过库存现金实地盘点法查对，应按“库存现金实有数＋未记账的付款凭证金额－未记账的收款凭证金额＝现金日记账”这一原则完成每天的工作。

现金送存

整理好现金后，出纳就必须将超出库存现金额的部分送存银行，这个行为可以是一天一次，也可以是三天一次，但是最好一次不要超过五天。

在现金超出限额部分送存的过程中，必须要注意以下几点：有多于一个出纳的时候，谁整理，谁送存，明确责任；现金缴款单填好后，一般不宜再调换票面，如确需调换，应重新复点，同时重新填写现金缴款单；送存金额为较大的款项时，最好使用公司专车，并邀人同行；点清款项后再交款，不可以在点款的同时交款；交款人交款时一般都会等候，在这个过程中应做到钞票不离手，以防发生意外。

单位的基本账户银行所在地是固定的，所以单位出纳应该有自己固定的银行业务员，在送存款项前，可以电话预约，这样既快速又安全。

现金送存流程

整理清点现金、凭证	将需要交存的现金清点整理，并且按照币种、面额分类存放，合计数额。
填写现金缴款单	缴款单上数额必须和存款数额一致。
提交	向银行提交缴款单和票款。
返回缴款单	交款完成后，出纳拿回加盖有银行公章的缴款单第一联。
编制凭证	根据缴款单凭证，编制现金日记账。

现金管理暂行条例

1988年，我国颁布了《中华人民共和国现金管理暂行条例》（以下简称《现金管理暂行条例》）。该条例总共分为四章，对现金管理做出了明确而细致的规定。不过，真正在日常工作中，和中小企业出纳发生联系的主要有以下几点：

（1）企业必须执行库存现金限额管理制度（前文已有介绍）。

（2）企业不可以在银行无记录时坐收现金。

（3）企业收入的日常现金不可以算作储蓄。

（4）超出库存现金限额部分必须送存银行（前文已有介绍）。

（5）企业之间不得相互借用现金。

现金收入

单位的现金收入和个人的现金收入意义不一样：公司现金的收入是为了更好地支出，而且每一笔现金收入其实已经包含了支出的成本。所以，作为公司的出纳，就必须按照规定管理现金收入，以满足企业的现金支出需要。

现金及约当现金

日常所接触的各种货币都属于现金，然而现金并不仅仅是货币。在出纳的范畴中，现金包括现金及约当现金两部分。

现金是指可以由企业任意支配使用的纸币、硬币。所以，在合法企业中，个人资产和公司资产是严格分开的，即使是家族企业也一样，因为个人资产不可能为了公司业务而随时动用。

约当现金是指短期且具有高度流动性的短期投资，因其兑现容易且交易成本低，所以可视为现金。约当现金具有随时可转换为定额现金、

现金的构成

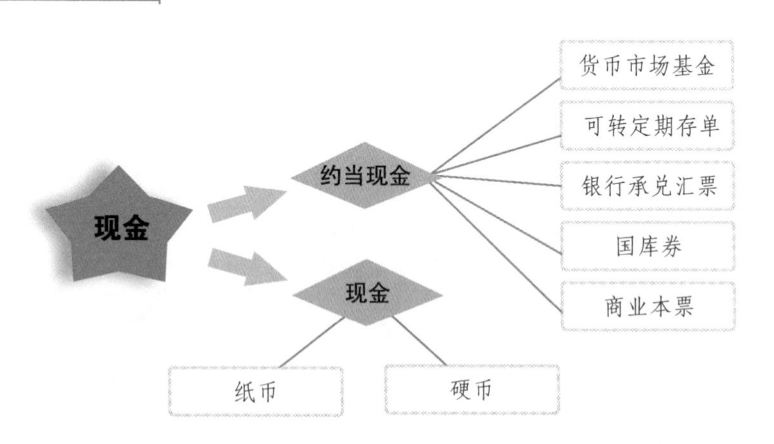

即将到期、利息变动对其价值影响少等特性。一般来说，偿还时间在三个月内或三个月内到期的国库券、商业本票、货币市场基金、可转定期存单、银行承兑汇票等皆可列为约当现金。

现金是我国企业会计中的一个总账账户，在资产负债表中并入货币资金，列为流动资产，但具有专门用途的现金只能作为基金或投资项目列为非流动资产。

营业收入现金比

现金收入对企业经营有着重要的意义，它反映的是最近一段时间内企业的绝对进项状况，体现在数据上，就是营业收入现金比。

其计算方式为：

营业收入现金比 = 经营活动产生的现金流入 / 主营业务收入

营业收入现金比，是对“主营业务利润”的修正，反映了企业当期账面收入背后企业当期收入的变现能力。

这个指标越高，企业主营业务收入背后现金流量的支持程度也越高。反之，这个指标低，说明企业主营业务收入虽然高，但是实际上现金流量的支持程度很低，很大一部分当期收入形成了应收账款，成了企业的债权资产。

这个指标排除了应收账款在企业收入中的反映，反映了企业的保守

营业收入现金比所反映的企业现金流量状况

营业收入现金比 >1	当期收到的营业现金大于当期营业收入	企业当期收回的前期应收账款大于企业当期形成的应收账款
营业收入现金比 =1	当期收到的营业现金和当期营业收入相当	企业当期收回的前期应收账款和企业当期形成的应收账款相当
营业收入现金比 <1	当期收到的营业现金小于当期营业收入	企业当期收回的前期应收账款小于企业当期形成的应收账款

收入。

过去，财务管理学认为营业收入现金比指标越高越好。这种表述只是单纯地从防范财务风险的角度来思考问题，完全排除了坏账的影响，但是没有考虑到企业经营的实际情况。

营业收入现金比完全排除了坏账的影响，保守地反映了企业的实际盈利状况。

实际上，营业收入现金比维持在 100% 比较好，说明企业的现金周转状况良好。如果该指标大幅度低于 100%，则会造成企业在现金流上的困难；如果该指标大幅度高于 100%，其实只是收回应收账款，是对前期该指标低迷的补偿性上涨，而收到预收账款，也会造成后期该指标的降低。

现金收入核算

现金收入核算的主要步骤是先填制、审批原始凭证，再编制记账凭证。

在填制、审批原始凭证的过程中，需要审核外来的原始凭证是否真实、有效，审核该项业务是否合理、合法，审核该原始凭证与该项业务的各项内容是否一致。

会计制度对于填制现金出纳凭证也有相应的规定和要求：

填制完成的记账凭证，还需要经过审核，才能纳入保管。审核的内容有：

1. 账实是否相符

审核记账凭证中记录的内容和实际情况是否相符，如业务内容、原始凭证的具体情况等。

2. 数据是否准确

审核记账凭证中所涉及的账户名称以及相互之间的对应关系、金额是否准确。

填制现金出纳凭证的要求

科目准确

记账凭证中所运用的“应收”和“应付”会计科目，必须按照原始凭证所反映的现金出纳业务性质确定、登记。

如果需要登记明细分类账，在登账的时候，应该列明该项业务在明细账上的二级科目和明细科目。

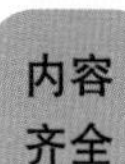

内容齐全

为了完整地反映业务相关内容，现金出纳凭证必须保证内容齐全，凡是凭证格式规定的内容，均不得遗漏或省略。

书写规范

凡是现金出纳凭证，不管是原始凭证，还是记账凭证，都要求书写规范，文字清晰，数字要按照指定的格式工整书写。

连续编号

为了方便以后查阅，要求将现金出纳凭证连续编号。

如果是一式三联的凭证，必须按照编号顺序顺次使用；其中，作废的凭证单据不得撕毁，如果凭证编号中出现漏号，必须加盖“作废”戳记或手写“作废”字样，连同对应的存根联一起保存。

签章完备

外来原始凭证必须盖有填制人的（组织）公章或（个人）财务专用章。

出纳人员收付款后，填制的收付款原始凭证上必须加盖“收讫”或“付讫”戳记。

记账凭证上必须有凭证填制人、记账人、稽核人、会计的签字或盖章。

企业现金出纳凭证（示例）

XX公 司（凭 证 类 别）

XXX号

______年______月______日 至______年______月______日

会计（签章）： 出纳（签章）

登账（签章） 监管（签章）

3．填制是否齐备规范

审核记账凭证的填制是否符合规范，相关项目是否填写齐备。

4．备注是否清楚

对于在复核的过程中发现的问题以及事后的处理，都应该在备注中清楚简洁地反映出来。

更正或重新填制错误凭证时，应该遵循相关规定进行。

作为重要的会计核算资料和登记账簿，现金出纳凭证必须妥善保管，按照编号顺序装订成册，由相关人员签字盖章，入档保存。为了便于事后查找，装订成册的现金出纳凭证应该在封面上注明企业名称、记账凭证种类、分类编号、起止日期。

现金的整理和保管

各类资产中流动性最强的就是现金，因为其他各类资产都需要经过变现的过程才能使用，所以犯罪分子谋求的最直接目标就是现金。为了不给犯罪分子以可乘之机，各单位应该建立安全严密的现金保管制度，出纳人员应该做好现金保管工作。

现金保管制度

各单位的现金保管制度大多大同小异，都包含了以下两个方面的内容：

（1）库存现金限额。

（2）库存现金保管。

库存现金限额规定了可以有多少库存现金，库存现金保管则规定了这些库存现金应该怎么管理。

企业保持的现金库存量应该和企业日常支出相一致，这也是规定库存现金限额的理论基础。超出企业日常支出的库存现金，给企业带来的是引来犯罪分子的风险。过去就发生过很多这方面的案件，我们也看过很多这方面的电影，企业库存大量现金的消息被犯罪分子知道以后，犯罪分子会想出各种方法盗窃和劫夺现金。俗话说“盛世买古董，乱世买黄金”，兵荒马乱给古董带来了很多保存上的障碍，而在日常生活中，现金所面临的危险要比古董多得多，因为现金省去了变现的过程，犯罪分子很容易做到不留下蛛丝马迹，以便给警察当作线索和证据。

因此，我国在1988年制定了《现金管理暂行条例》，规定了强制性的库存现金限额制度。

企业对于库存现金的管理一般都规定，超出库存现金限额的现金要立即送存银行，但是对于那些业务频繁的企业，这样的要求很不现实。为了加速现金周转、有效地缩短收取账款的时间，西方国家一般采用

库存现金限额的计算公式

“邮政信箱法”来处理客户票据。

企业可以在各主要城市租用专门的邮政信箱，并开立分行存款户，授权当地银行每日打开信箱，在取得客户支票后立即予以结算，并通过电汇将货款拨给企业所在地银行。这种方式不仅可以大量节约客户邮寄票据的时间，还免除了企业办理银行业务的手续。但是，这种方法还要另外承担被授权银行的服务费和分行存款账户的补偿性余额，这就会引起企业成本的增加。因此，在决定是否采用“邮政信箱法”的时候，必须权衡该网点客户和企业业务来往的频度，以及设立这类邮箱是否经济。

邮政信箱法

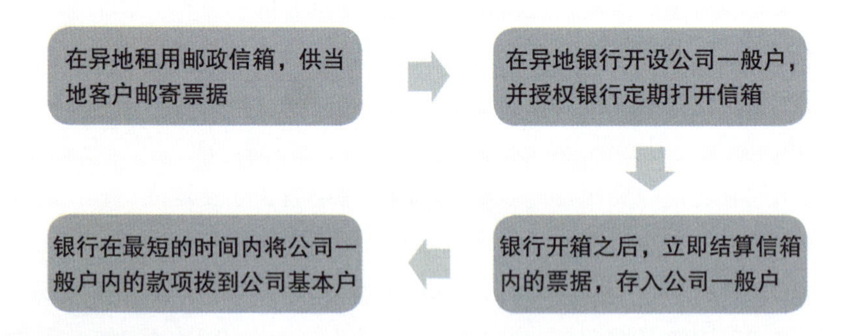

现金保管

对于出纳人员来说，现金的清点和保管是他们的“基本功”。

现金的清点工作包括利用现金清分机、点钞机或手工清点的方式对现金进行清分、点钞、检验真伪。而且，对硬币的清点，利用硬币规格一致的特点可以实现快速清点：先对硬币进行分类，十个一摞，按照高度码齐即可；或者使用硬币盒进行清点。

清点之后的现金，应该按照货币的种类、纸币的面额、铸币的大小等进行分别存放。具体的存放要求为：

纸币铺平存放，按照面额，把每一百张扎为一把、每十把捆成一捆，进行扎把、打捆。在业务上，成把、成捆的纸币我们称之为“整数”或者“大数”，而不成把的纸币称之为“零数”或者“小数”。大数应该存放在保险箱内，随用随取；小数也要按照面额分别整齐存放，每十张用曲别针扎在一起。

硬币也要按照面额，把每一百枚用纸卷成一卷，每十卷捆成一捆，同样将成捆、成卷的硬币存放在保险箱内，随用随取；不成卷的硬币，按照不同的面额，分类存放在硬币盒中。

库存现金在工作时间内，除工作需要的少量备用现金放在出纳员的办公桌里，成捆成把的纸币、成捆成卷的硬币都应该存放在保险箱里。而当工作结束之后，出纳员应该将所有现金都放入保险箱里，不得放在抽屉里过夜。

Moro

“小金库”

在过去一段时间内，我国各单位各组织的“小金库”泛滥。各单位违反国家财经法规及其他有关规定，侵占、截留单位收入和应上缴收入，并且不列入本单位财务部门账内或未纳入预算管理，各项资金私存私放。这些“小金库”以方便本单位的现金使用为名，在单位领导的授意下成立，给我国经济和社会造成了巨大的不良影响。

现金的支付

交易中最简单的价款支付方式是什么？现金支付，也就是俗话说的“一手交钱，一手交货”。现金支付有交易简单、迅速的优点，但是大量使用现金也会带来安全上的风险，现金占用会带来现金流量的压力和更重的税负负担。

现金支付管理

根据《现金管理暂行条例》及其《实施细则》的规定，开户银行要对开户单位收支和使用现金的情况进行监督。现金支付的管理机构是开户银行，包括：各专业银行，国内金融机构，经批准在中国境内经营人民币业务的外资、中外合资银行和金融机构。

而中国人民银行作为中央银行在现金支付管理中居于中心地位，根据《中国人民银行现金管理实施办法（试行草案）》第三条的规定：“中国人民银行是现金管理执行机关，对执行本办法的单位，有权进行检查监督。”

简单地说，开户单位的现金支付状况由开户银行监督，而中国人民银行监督各开户银行。

现金支付管理的内容包括现金支付的限额和现金支付的范围。

现金支付的限额，其实也就是库存现金限额。《现金管理暂行条例》第九条规定：“开户银行应当根据实际需要，核定开户单位三天至五天的日常零星开支所需的库存现金限额。边远地区和交通不便地区的开户单位的库存现金限额，可以多于五天，但不得超过十五天的日常零星开支。”第十条规定：“经核定的库存现金限额，开户单位必须严格遵守。需要增加或者减少库存现金限额的，应当向开户银行提出申请，由开户银行核定。”

现金支付管理

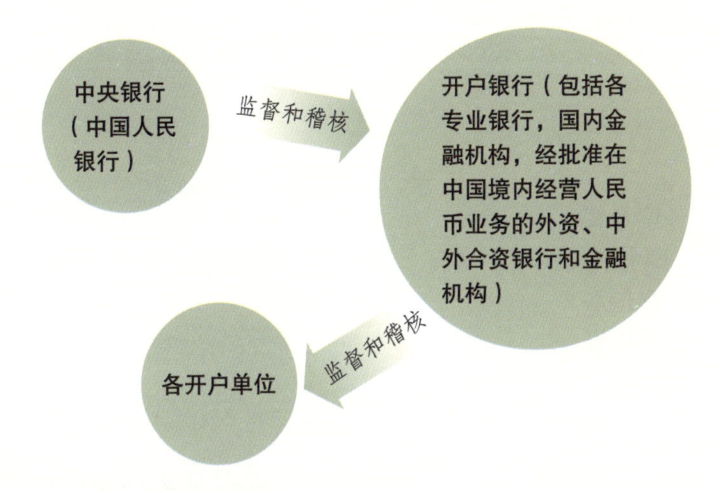

现金支付的范围。根据《现金管理暂行条例》的规定，企业可以使用现金的范围有：

（1）职工工资、津贴。

（2）个人劳务报酬。

（3）根据国家规定颁发给个人的科学技术、文化艺术、体育等各种奖金。

（4）各种劳保、福利费用以及国家规定的对个人的其他支出。

（5）向个人收购农副产品和其他物资的价款。

（6）出差人员必须随身携带的差旅费。

（7）结算起点以下的零星支出。

（8）中国人民银行确定需要支付现金的其他支出。

中国人民银行规定的现金结算起点定为一千元。除了第5、6项外，企业支付给个人的款项，超过结算起点的部分，也应当以支票或者银行本票支付。如果确定要全额支付现金，需要经过开户银行审核后，才能给予现金支付。

单位现金支付的法定范围

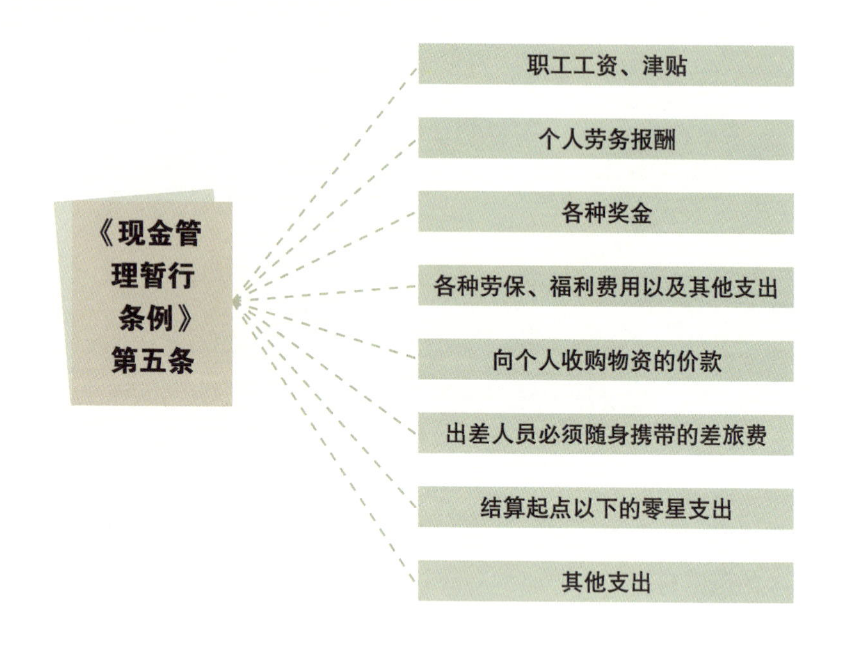

现金支付的具体行为需要遵循一定的规则：

（1）坚持“收支两条线”的原则，不得“坐支”现金（直接将现金收入用于支付各类开支）。开户单位支付现金，必须来自本单位库存现金或者从开户银行提取。

（2）不得利用现金支付的方式，套取、截留、侵占公款，设立“小金库”，出现“账外公款”，不纳入预算管理。

（3）开户单位需要从开户银行提取现金时，应该注明资金用途，并由本单位财务负责人签章确认，供开户银行审核。

Easy-going

由于我国金融服务发展水平滞后于我国的经济发展水平，而且企业信誉普遍较差，所以支付手段中的现金支付广受推崇。

现金日记账的登记

出纳人员的日常工作内容大都需要“跑银行记账”，现金日记账就是“记账”中的一本重要的账目；而出纳人员编制的“出纳报告表”中，现金是一项重要内容，因而现金日记账也是编制“出纳报告表”的重要核算资料。

什么是现金日记账

在现金支付管理上有这样一段顺口溜，“有钱就有账，以账管钱，收付有记录，清查有手续”。为了保证现金的合理使用和安全保管，企业只要有现金支付业务，就必须设置现金日记账。

现金日记账的实质内容是按照现金业务发生的时间顺序逐笔记录现金的收支明细，体现现金当日余额，以便核对实存现金，借以核对、检查、监督每天现金的收入、付出、余额和库存现金限额的执行情况，并且便于进行交接工作。

在外在形式上，现金日记账必须采用订本式账簿，将账页固定装订成册，防止和避免账页出现散失、抽损等情况，便于归档保管。现金日记账不得使用银行对账单或者其他方法代替。

在登记现金日记账的过程中，必须注意下面几个问题：

（1）登记之前，必须审核作为依据的会计凭证，包括记账凭证和原始凭证是否真实有效，记账凭证是否与原始凭证完全相符。

（2）登记过程中，必须按照顺序连续登记，不得出现跳行、隔页的现象。如果发生跳行、隔页，应该将空行、空页画斜线注销，或注册“此行空白”“此页空白”字样并由记账人员签章，防止和避免有人利用空行、空页随意添加记录。

（3）登记完成之后，记账人员必须在记账凭证上签章，并标明所记

现金日记账的性质、外在形式和用途、目的

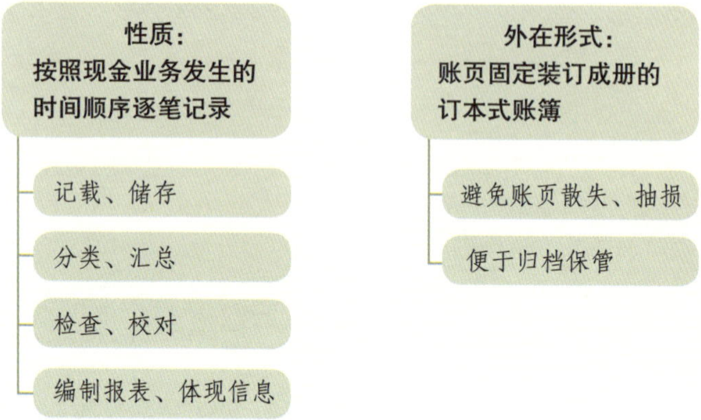

性质：
按照现金业务发生的时间顺序逐笔记录

- 记载、储存
- 分类、汇总
- 检查、校对
- 编制报表、体现信息

外在形式：
账页固定装订成册的订本式账簿

- 避免账页散失、抽损
- 便于归档保管

现金日记账的页数，或者做登账记号“√”，表示该凭证已经记入账簿，避免出现重复登记或者漏记的现象。

（4）特殊行、特殊页的填写

新账簿的启用：

填写本单位的名称、新账簿启用日期，按照栏目提示填写责任人签章，按顺序填写账簿编号，粘贴印花税票。

第一页账页第一行：

如果是新成立的单位，在摘要中填写“期初余额”，按照实收现金金额填写余额。

如果是新年度启用新账簿，在摘要中填写“上年结转”，余额填写上年最后一日的余额。

如果是年内新增的账簿，启用日期填写新账簿启用的日期，在摘要中填写“承前页”，余额填写所承接账簿的最后一笔余额。

同一本现金日记账不能跨年使用：

每页账页的最后一行不做记录，结出当前当月合计，填写发生额和余额，并在摘要中填写“过次页”。

除了第一页之外，其他页第一行，在摘要中填写“承前页”，对应填写上页最后一行的相关栏目。

三栏式现金日记账

企业常用的现金日记账账页格式是“三栏式”，以“借方”“贷方”“余额”三栏为基本结构，逐笔登记现金支付业务，并据此结算出余额，同实际库存现金金额相核对，由此可以掌握每天现金的收入、支出、库存情况。

有些企业为了在现金日记账中更明确细致地显示出现金的来龙去脉，在现金日记账之外，还增设“现金收入日记账”和“现金支出日记账”。现金收入和现金支出按照对应的科目，将金额计入有关的“借方”“贷方”栏内。每日现金支付业务结束之后，将现金收入日记账的合计收入金额和现金支出日记账的合计支出金额，直接登入现金日记账的“借方”“贷方”栏内。实际设置“现金收入日记账”“现金支出日记账”的企业很少，大多数企业只设立“三栏式现金日记账”。

三栏式现金日记账的登记如下。

（1）日期：编制记账凭证的日期，不是填写原始凭证上记载的发生或完成该经济业务的日期，也不是实际登记该账簿的日期。

（2）凭证编号按照“现金收入”“现金支出”两类重新按顺序编号。

（3）对应科目应该和凭证的对应科目一致，应填入会计分录中“库存现金”的对应科目，用以反映库存现金增减变化的“来龙去脉”。

（4）摘要应该和凭证的内容相一致。

（5）借方：填写现金收入金额。

余额计算公式

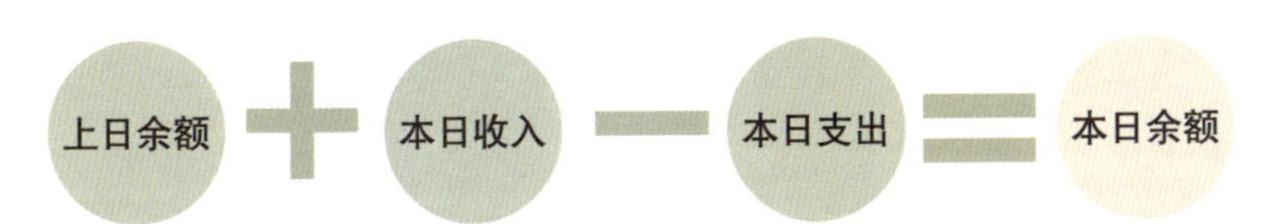

三栏式现金日记账示例

第1页

XXXX年		凭证编号		对应科目	摘要	借方	贷方	余额
月	日	现收	现付					
5	1				期初余额			2 800
	2		001	应付账款	偿付购货款		1 800	
	2		002	管理费用	办公用品		150	
	3		003	其他费用	报刊费		250	
	4	004		销售收入	批发	1 100		
					本月合计	1 100	2 200	1 700

（6）贷方：填写现金支出金额。

（7）余额：根据上日余额、本日收入、本日支出计算出现金余额。

More

凭证审核

现金日记账登记之前，必须审核作为依据的会计凭证，包括记账凭证和原始凭证，审核原始凭证是否真实有效、记账凭证是否与原始凭证完全相符，其中主要是审核原始凭证。

1. 审核原始凭证是否合法、合理

审核原始凭证所反映的往来业务的合法性、合理性，应该以国家相关的法律、法规、方针、政策和企业相关的计划、制度为依据，是否遵循国家和企业制定的经济和财务制度，有无相关的计划和合同，是否贯彻了相关的成本规定、专款专用原则，有无冒领虚报、贪污私占、伪造凭证的违法违纪行为。

2. 审核原始凭证是否完整、正确

审核原始凭证是否具备其相关的基本内容，上面填写的有关计量单位、单价、数量、金额是否正确无误、符合规定的要求。

现金收支的优缺点

作为最简单的交易价款支付方式，现金支付的优点和缺点同样明显。企业在选择交易价款支付方式的时候，就需要在各种支付方式的优缺点和实际交易的内容之间权衡，从中选择最优的或者是缺点影响最低的交易价款支付方式。

经营风险低

现金支付方式在降低经营风险方面的优点，主要体现在公司并购和企业信用付款这两类经济业务之中。

在公司并购的实施阶段，与目标企业进行并购谈判，确定并购过程中和并购之后的各种问题。其中，核心问题就包括交易价款的支付，采取不同的支付方式，对于双方的利益影响非常大。

有些公司在确定被并购之后，原有股东会以套现为主要目的，要求收购方采用现金支付的方式，而不接受股权交易，就是为了在自己失去公司控制权之后，降低自己可能面临的资产风险。

连锁式债务——“三角债”

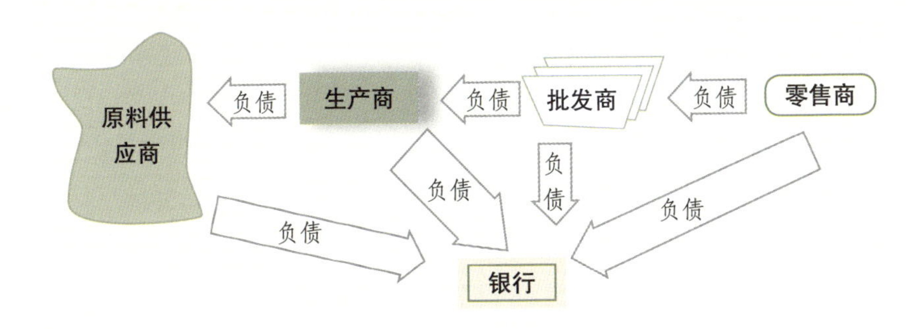

小故事

中国“三角债”

20 世纪 90 年代初，“三角债”突然成为我国经济发展的一个重要障碍：大多数企业都收不到足够的现金收入，巨额的未清偿债务也使得企业不能获得任何信贷资金，即使经济效益好的企业也因为缺乏资金而难以为继。恶性循环之下，每一个企业都不愿意偿还债务，也得不到任何债权清偿。

而在企业之间的交易中，也存在着相应的信用风险：预付账款已经支付，到期收不到货物，又不能索回预付货款；或者货物已经交付，到期应收账款收不回来，又不能拿回货物或得到相应的财物补偿。在这些风险的影响下，企业更欢迎以现金支付的方式来进行交易。

如果这种企业之间拖欠货款的关系蔓延开来，就会形成连锁债务关系，我们通常称这种状况为“三角债”。而企业面对这种金融风险所能采取的唯一的应对方式，就是尽量要求客户用现金支付货款，而不接受任何货款延期支付或信用支付请求。

现金压力大

现金支付的方式对于收入现金的一方如果是利大于弊的话，那么对于支出现金的另一方绝对是弊大于利的。

在企业并购的过程中，收购方以现金支付的方式进行，会给公司带来巨大的现金压力。如果收购方必须以公司自有现金支付的话，会给企业的现金流量带来非常不利的影响。即使收购方能够从公司外部获得现金融资而筹集了部分资金，其实也是变相地一次性耗费公司的融资能力，还是会给企业带来因为现金流枯竭而造成的经营困难。而且，企业并购不是交易完成就一劳永逸了，并购完成之后，企业还要面临很多需要耗费现金的地方，要将原来的两个企业整合成一体也是非常花钱的。如果企业面临现金流断裂的危机，一个处置不当，就会让企业沦落到万劫不复的地步。

Easy-going

单一地使用现金支付方式，对于企业和国家的经济运行都有很大的负面影响，因此国家一直在大力提倡使用各种非现金支付工具和非现金支付手段来代替现金支付，并且在税负、银行信用等方面制定了很多相应的政策来推动这一过程。

而在企业交易的过程中，如果企业因为社会信用度低，而排除信用支付手段的使用，只能用现金，这也会给企业带来非常大的现金压力。面对这种情况，那些前景良好、但是目前现金流不好的企业会变得举步维艰，非常容易出现现金流断裂的危机，从而危及企业的生存。

另外，企业为了保证支付能力、应对现金压力，也会预先留存大量现金。这些现金如果闲置下来，是一个巨大的浪费；如果用来购买短期债券，又会造成新的财物风险，虽然从理论上讲这些风险都很小。

企业现金流量的不同层次

内容	层次
固定资产、工资、原材料和库存商品、产品销售收入、间接费用	收入支出层
应收账款、应付账款	应收应付层
现金（包括现金等价物）	现金层

第7章

外汇业务的管理

外汇业务是出纳工作内容中很重要的一个科目。虽然出纳并不会每天都处理外汇业务，但是掌握必要的外汇管理知识和外汇管理制度，能够让出纳在处理对外业务时更加轻松。

本章教你：

- ▶外汇的基本含义和外汇管理制度。
- ▶外汇结算的几种方式。
- ▶外汇核算时应注意的问题。
- ▶主要的国际金融机构。

7

企业外汇的管理制度

外汇业务是企业或银行的经营中很重要的一部分。企业的外汇管理制度直接影响着该企业的外汇业务的交易状况。作为一名出纳人员，必须熟知企业的外汇管理制度，才能保证在处理外汇业务时的准确性。

外汇的定义

外汇业务是大中型企业和跨国公司及金融机构很重要的一种经济活动，尤其是对于一些外资或合资的企业和银行来讲，外汇业务是其运营中重要的组成部分。外汇可以指把一国货币兑换成另一国货币的行为和过程，也可以指以他国货币来表示本国货币的价值，用于支付流通、金融交易和经济活动的有形资产。

出纳并不一定在工作中需要时时刻刻处理外汇业务，但是必须做好外汇入账的准备。

汇率

汇率也称“汇价”，是将一国货币兑换成另一国货币时的比率，具体表现形式为用一种货币价格来表现另一种货币价格。考虑到世界各个国家货币名称的不同，币值不等，一个国家在将本国货币兑换成另一国货币时，要规定一个兑换比率，即汇率。汇率的制定通常由该国货币所兑换外币的需求和供给所决定，同时，世界经济的走向，黄金价值的浮动都会对汇率造成一定影响。

我国实行的是介于固定汇率和浮动汇率之间的汇率管理机制，原因就是我国产业结构已大幅度改变，以前的固定汇率已经阻碍了市场经济的发展，但是浮动汇率又会带来剧烈的经济波动，而我国还处于发展中

外汇汇兑的基本流程

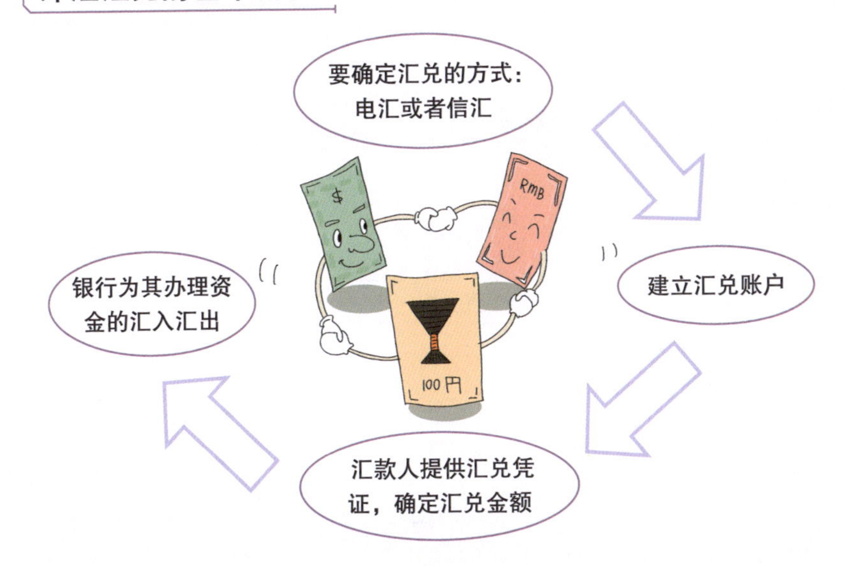

国家的阶段，所以采取可变更汇率这一灵活的手段，目的就在于既能遵循市场发展的客观规律，又能对外汇市场进行微观调控。

外汇管理局

Easy-going

根据外汇管理情况的不同，汇率也有两种不同的分法，即官方汇率和市场汇率。官方汇率由国家外汇管理机构公布，而市场汇率是在外汇市场经济的作用下所产生的。

外汇管理局是一个国家最重要的外汇管理机构。在我国，管理外汇事务的机构是国家外汇管理局，是重要的国家机关。

一般来讲，外汇管理局通常设在一国首府，我国的国家外汇管理局总局设在我国的首都北京。但在各省、自治区、直辖市、副省级城市分别设有分局和外汇管理部。我国的两个外汇管理部分别设在首都北京和直辖市重庆，同时在深圳、青岛、宁波、大连、厦门设有外汇管理分局。

除了全权管理我国的外汇交易市场外，国家外汇管理局也对外办理一定的外汇业务，同时，国家外汇管理局的分支机构通常与当地的中国人民银行分支机构合署办公。

影响汇率变动的几点因素

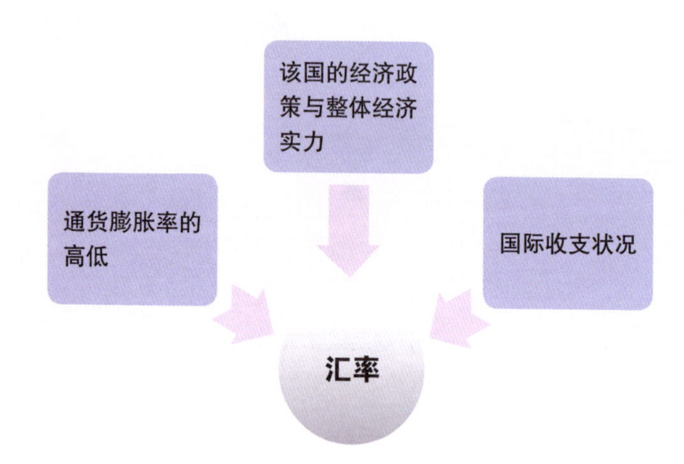

多年来我国外汇管理局在确保外汇交易市场稳定、和谐发展的前提下，不断改进外汇项目的管理手段，完善外汇管理措施，保证了外汇业务的国际收支平衡和人民币汇率的稳定。在全球经济处于委靡的时候，我国的外汇市场还能有条不紊地运转，不仅没有受到经济危机的波及，而且促进了国民经济的健康发展。

外汇管理条例

外汇管理条例是国家权力机关或行政机关依照法令，制定并发布的，适用于一切外汇事务的管理措施，是为了加强外汇管理，促进国际收支平衡，促进国民经济健康发展而制定的条例，旨在保障外汇事业的稳步发展，保障外汇交易市场能有一个良好有序的内部环境。国家外汇管理局及其分支机构将依法履行外汇管理职责，负责本条例的实施。所有参与我国外汇交易的活动都必须严格遵守外汇管理条例。

外汇管理局的机构设置

综合司

人事司　国际收支司　经常项目管理司

资本项目管理司　管理检查司　储备管理司

外汇局日常条例实施细则的第一章《总则》如下：

第一条　为了加强外汇管理，促进国际收支平衡、促进国民经济健康发展，制定本条例。

第二条　国家外汇管理部门及其分支机构（以下统称外汇管理机关）依法履行外汇管理职责，负责本条例的实施。

第三条　本条例所称外汇，是指下列以外币表示的可以用作清偿的支付手段和资产：

《中华人民共和国外汇管理条例》的结构

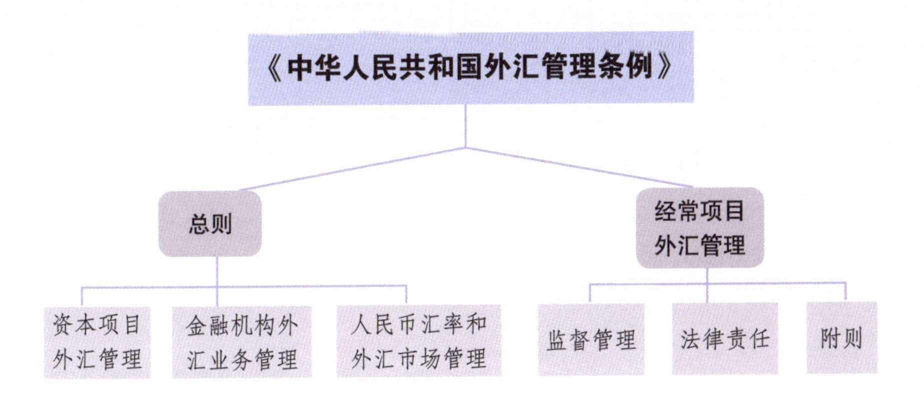

（一）外币现钞，包括纸币、铸币；（二）外币支付凭证或者支付工具，包括票据、银行存款凭证、银行卡等；（三）外币有价证券，包括证券、股票等；（四）特别提款权；（五）其他外汇资产。

Easy-going

我国的国家外汇管理局属于国务院部委管理的国家机构，属副部级的国家局，属于国家权力机构。《中国外汇》杂志社是隶属于国家外汇管理局的事业单位。

第四条　境内机构、境内个人的外汇收支或者外汇经营活动，以及境外机构、境外个人在境内的外汇收支或者外汇经营活动，适用本条例。

第五条　国家对经营性国际支付和转移不予限制。

第六条　国家实际国际收支统计申报制度。国务院外汇管理部门应当对国际收支进行统计、监测，定期公布国际收支状况。

第七条　经营外汇业务的金融机构应当按照国务院外汇管理部门的规定为客户开立外汇账户，并通过外汇账户办理外汇业务，经营外汇业务的金融机构应当依法向外汇管理机关报送客户的外汇收支及账户变动情况。

第八条　中华人民共和国境内禁止外币流通，并不得以外币计价结算，但国家另有规定的除外。

第九条　境内机构、境内个人的外汇收入可以调回境内或者存放境外；调回境内或者存放境外的条件、期限等，由国务院外汇管理部门根据国际收支状况和外汇管理的需要作出决定。

第十条　国务院外汇管理部门依法持有、管理、经营国家外汇储备，遵循安全、流动、增值的原则。

第十一条　国际收支出现或者可能出现严重失衡，以及国民经济出现或者可能出现严重危机时，国家可以对国际收支采取必要的保障、控制等措施。

外汇结算

外汇结算是最令出纳头疼的一个环节，也是外汇业务处理中最艰难的一项工作。由于外汇业务项目的多样性，外汇结算的方法、标准也不尽相同，不同的外汇业务需要不同的结算方式，而作为出纳人员，必须要对所有的外汇结算方法、准则了如指掌，才不至于在工作中出现差错。

结汇水单

结汇是外汇结算的简称，指外汇收入者将其外汇收入出售给外汇指定银行，外汇指定银行按一定汇率付给等值人民币的行为。

强制结汇是指所有外汇收入者必须将外汇所得收入全都卖给外汇指定银行，不允许私自保留外汇；意愿结汇则相反，外汇收入者可自行处理外汇收入，收入者可以将外汇收入卖给外汇指定银行，也可以开立外汇账户将外汇收入存储在自己名下，结汇与否由外汇收入所有者自己决定；限额结汇，或称部分结汇，是指在国家规定的外汇收入数额内可不结汇，但超过限额的收入部分必须卖给外汇指定银行。

不论对公司还是对银行，结汇水单都是比较重要的凭证。通常在货款到账后银行就发出结汇水单。如果公司在收汇后较长时间未收到结汇水单，应及时与银行联系，查找原因，以避免由此带来的损失。

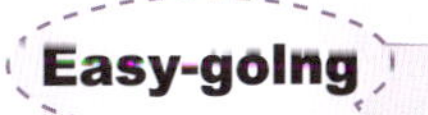

2008年以前我国一直实行强制结汇。2008年颁布新的外汇管理条例之后，实行意愿结汇。

结汇水单样本

<table>
<tr><td colspan="3">中国工商银行　　　　双联
日期：　年　月　日
客户名称：
账　　号：
核销单号：</td></tr>
<tr><td rowspan="3">银行编号：
汇入日期：
汇款人名：
申报号码：
汇款附言：</td><td rowspan="3">汇入号：
金　额：</td><td>货币及金融</td></tr>
<tr><td></td></tr>
<tr><td>制票：
复核：</td></tr>
</table>

折算入账

外币折算交易是指企业将记账本位币以外的货币按照本位币的价值计价或结算的交易。折算入账则是在将外币折算成本位币之后，将交易入账的过程。

Easy-going

在对外币进行折算入账之前，应该首先对境外经营的会计期间和会计政策进行调整，使其调整后与企业的会计期间和会计政策相一致。

折算入账有两个基本环节：一是在发生外币交易时所进行的初始确认与结算时的差额确认；二是在核对资产负债表时对外币交易相关项目的折算。

企业或银行在进行外币折算交易时，应在交易的初始就采用交易发生日的即期汇率将外币折算为记账本位币金额；而在对外币折算入账时，所采用的汇率应为上一年的即期汇率。

虽然外币折算是一个极其烦琐并相当容易出现差错的环节，但并非毫无技巧可言。对于外币折算的技巧可归纳为两点：第一，选择现行汇率作为折算汇率，将折算差额计入当期损益；第二，采用交易发生日的

外币折算入账流程

确定并记录交易日期，开具交易凭证

▼

确定外汇等记账科目和数据

▼

计算汇率变动产生的差额并记录

▼

根据外汇费用的汇率进行折算并记录

即期汇率或即期汇率的近似汇率折算。

出口退税

出口退税，顾名思义，是指对于符合我国出口标准的货物，在其出口时退还其在国内生产和交易流通时实际缴纳的产品收入产品税、增值税、营业税和特别消费税等其缴纳的一切税费。

出口退税制度，是一个国家税收的重要组成部分，也是国家鼓励产品出口、增强本国产品竞争力的一种手段。出口退税制度可以在一定程度上减轻国内产品的税收负担，使本国产品以最小的成本进入国际市场，与国外产

Easy-going

并非出口货物都可以退税，只有在出口退税的范围之内符合退税条件的货物，才能予以退税。

小故事

出口退税政策的演变

我国自 1994 年税制改革以来，出口退税制度先后经历了几次大幅调整。1995 年和 1996 年进行了第一次大幅度出口退税政策调整，2005 年我国降低了部分货物的出口退税率，2008 年 8 月 1 日我国再一次提高纺织品、服装的出口退税率，此次调整涉及 3 486 项商品，约占海关税则中商品总数的 25.8%；2009 年 1 月 1 日在第九次调整中，提高部分技术和机电产品的出口退税率。

出口退税产品

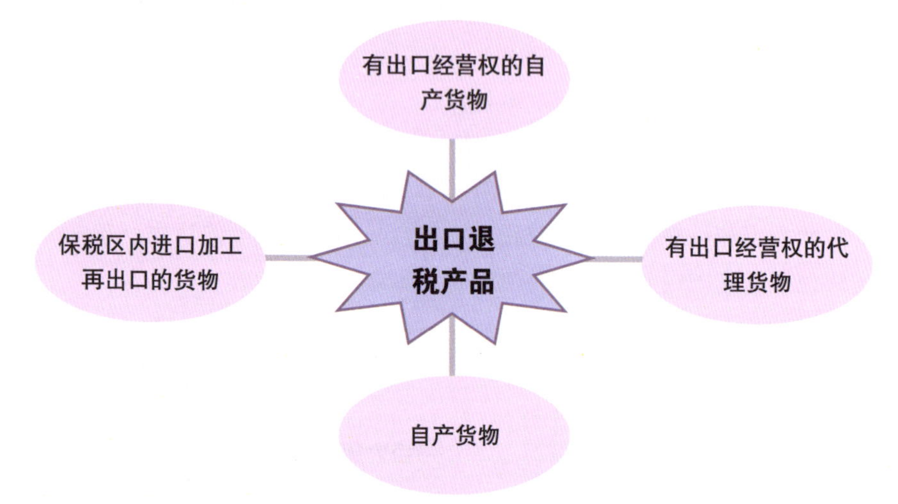

品进行公平竞争，扩大出口创汇。

外汇结算中的银行费用

对于外汇结算中所产生的费用大致来自于以下几个项目：

即期外汇业务流程

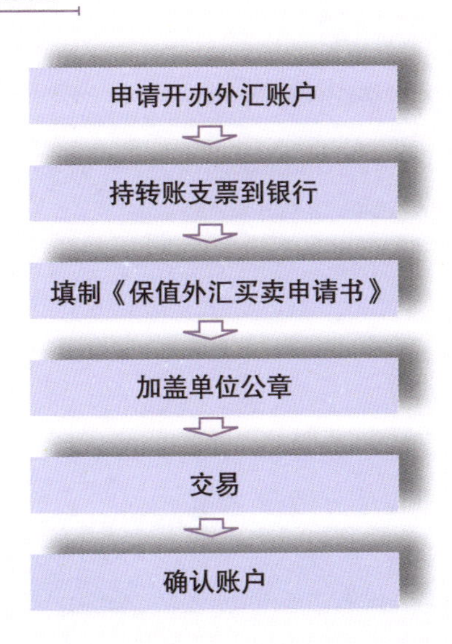

（1）通知行费用：除中国人民银行会按规定收取一定费用外，其他银行基本不收取。外资银行收费较高。

（2）国内行的费用：手续费一般是1.25‰（最低人民币150元）。

（3）快邮费：按快递公司的报价实收。

（4）电报费：看信用证条款，一般为人民币150元/笔。

（5）国外行的费用：不同的银行都有不同的收费标准，扣费的项目一般都包括付款手续费、电报费等。

More

国外行费用

外汇交易过程中所需费用主要是国外行所产生的费用。国外行的费用主要由汇出行费用、途中行费用、收款行账户费用三部分组成，费用多少根据具体情况和具体汇入行情况而定。

7

各种结算方式

外汇业务项目繁多，不同的外汇业务有不同的结算标准和方式，因此能准确掌握各种结算方式是一个合格出纳必须具备的基本功之一。

国外账户的开设

对于那些经常有外汇业务往来的企业或个人，尤其是有经常项目、外汇数额较大的业务的，开设国外账户是十分必要的。

国外账户体系的建立原则是，必须与本国国民经济核算体系的概念相一致，在一些原则、

Easy-going

国外账户是一套完整的账户交易体系。它从国际市场角度出发，能够准确反映出一个国家对外交易状况和外汇市场的经济走向。

国外账户的特点

- 立足国外编制
- 核算结构与国内账户核算结构体系相同
- 与国内外任何特定经济关系无关
- 与国内相关机构的部门账户存在对应关系

标准和政策方面必须保持相互一致或相互协调，一国的国外账户体系必须能够清楚地反映本国与其他各国之间的交易状况，这其中包括了有形资产交易，如货物和产品的交易；无形资产交易，如技术理念、原始收入分配、投资及金融交易等。

国际结算的三种方式

所谓国际结算，是指国家间由于某些联系而发生资金或贸易往来，进而通过货币来表示债权与债务之间的清偿行为或资金转移行为。简单地说，国际结算是办理国家间的货币收付，清偿国与国之间债权债务的工作。其中分为有形贸易的国际贸易结算和无形贸易的非贸易结算。

目前世界上通用的国际结算方式大概有以下三种：国际汇兑结算、信用证结算和托收结算。

1．国际汇兑结算

国际汇兑结算也称汇款结算，是目前全世界通行的一种结算方式，即汇入方通过汇出银行将款项转交给境外的汇入银行，再经由汇入行转给收款方。这种结算方式只需要涉及汇款人、收款人、汇出行、汇入行四个当事人即可。汇款结算是一种比较简单的国际结算方式，通常应用于小额或个人的外汇业务。

结算并非是出纳日常工作的一部分，一般来说，出纳需要3~5日做一次小结算，月末、年末做大结算。

2．信用证结算

信用证结算是指进口国的银行按照本国进口商的要求，向出口商开出的在一定条件之内保证付款的一种信用结算，具体表现形式为书面文件。简单来说，即有条件的银行付款保证证明。

3．托收结算

托收结算是出口方根据交易量和交易额度向境外的进口方收取款

项或劳务价款的一种国际贸易结算方式。托收结算属于支票交易结算，并非现金支取的结算。其中，根据托收形式的不同又分为跟单托收和光票托收。

跟单托收是出口商在货物装船后，将提单等货运单据和汇票交给接受办理托收的银行，而托收银行在确认进口商付款后，将货运单据交给进口方，进口方必须凭货运单据提货。跟单托收是一种安全性极高的托收方式，能够很好地规避双方交易中可能出现的风险。但是，跟单托收

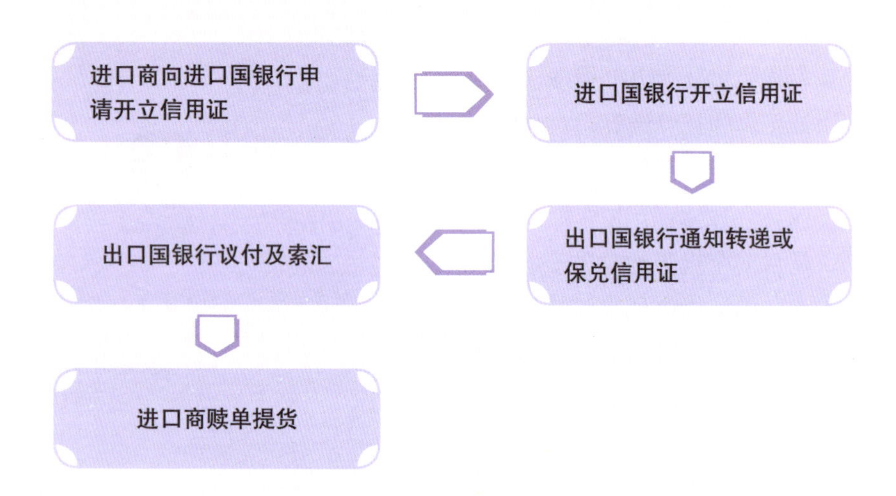

只适用于一些大宗货物的进出口贸易，并不适用于一些无形资产的非贸易类结算。

光票托收是托收结算的另一种形式，具体做法是委托人交给托收银行一张或数张汇票，作为向国外债务人付款的支付凭证或有价证券。光票托收适用于一些非贸易类的资本、技术或债务清偿的交易。

远期结售汇

远期结售汇是外汇业务工作中很重要的组成部分，是客户与银行签

小故事

签章不一致带来的无效证明

小张为公司最近的一笔境外贸易向合作方供应商打入最后一笔尾款，原以为一切办理得很顺利，可是几天之后，供应商却表示并未收到小张所在公司打入的尾款，而小张向银行出具的尾款打入证明却被视为无效证明。小张不知道是哪一个环节出了问题，明明是已经盖了公章的收据证明，怎么就无效了呢?

原来在国际汇兑结算中，凡是办理汇款结算的企业，单位汇款人在汇兑凭证上的签章必须与该单位在银行预留的签章保持一致，否则将被视为无效的单据，而汇款回单只能作为汇款银行受理汇款的依据，不能作为该笔汇款已转入收款人账户的证明。

订远期结售汇协议，约定未来结汇的外汇币种、金额期限及汇率，到期时按照该协议订明的币种、金额、汇率办理的结售汇业务。与之相对应的则是即期结售汇。

远期结售汇业务是指银行根据客户的实际要求，最后达成一致，签订远期结售汇合同，约定在未来的某个时间来办理汇兑业务。在办理日当天，客户可按照远期结售汇合同上所确定的币种、金额、汇率向银行办理结汇或售汇。

在我国，银行远期结售汇业务所受理的币种包括美元、港币、欧元、日元、英镑、加元等多种国际上流通比较广泛的币种。远期结售汇的期限分为短期和长期，短期从 7 天到 1 个月，长期则从 2 个月到 12 个月不等。具体的交易时间既可以是固定期限交易，也可以是择期交易。

远期结售汇，锁定当期成本，是最好的货币保值的手段。

外汇结算时应注意的问题

外汇的结算工作烦琐而复杂，稍不注意就会产生误差，为了避免在最后做年终结算和财务报告时产生不必要的麻烦，出纳在进行外汇结算时要特别注意那些容易出问题的环节。

外汇收支情况变动表

Easy-going

外汇收支情况是一个国家衡量外汇市场是否健康的重要指标，是国际收支平衡的重要内容。

外汇收支情况是一个国家在一定时间内，用对方可接受的货币币种，同其他国家所结算的各种贸易类和非贸易类的交易款项。通常包括一国居民与另一国居民之间商品、劳务、资本的输出和输入以及资产转移等活动。

小故事

外汇收支情况表的审核

外汇收支情况表的审核一般是会计师受企业委托，对企业外汇收支情况表是否符合国家外汇管理的规定进行审核并给予审计意见。注册会计师在审核过程中，要参照中国注册会计师协会颁布的《外汇收支情况表审核指导意见》。2005 年 1 月 15 日开始，法律规定将包括外汇收支情况表在内的资产负债表、损益表、现金流量表、外汇收支情况表审核报告全部纳入会计报表和年度财务报告之中。

外汇的收支情况通过外汇收支情况表具体体现，是基于国际收支平衡表的编制原理来编制的，其形式与资产负债表的形式相同，记录全部外汇资金的流入与流出。在外汇收支情况表上，所有的交易金额均按照实际发生的货币金额来记录，不考虑在实际交易过程中的真实标价以及折旧和摊销情况所造成的差额。

外汇收支情况表的货币计量单位为美元，对于非美元的资金交易要按照人民币兑美元的中间汇率折算后编制入表。

外汇收支情况表的编制内容

贸易外汇收支	商品进出入国境而引起的一国以外币表示的对外收入或支出
劳务外汇收支	劳务输出入国境而引起的外汇收入与支出
转移外汇收支	以外币资产形式进行的国际资产单方面转移，不包括实物资产形式进行的单方面转移
以外币资产形式实现的资本输出入所引起的外汇收支	

实收登记

实收登记，又叫做实收资本登记，是指对于投资者按照企业章程或合同、协议的约定，实际投入企业的资本的登记，实收登记是对企业注册登记的资本总额的真实记录，它能够反映出企业所有者与企业的基本产权之间的占有关系。登记记录的实收资本是企业固定的、永久性的资金来源，它反映企业的经营状况和清偿债务的基本能力，是企业准确评估自身抵御各种风险的温度表。

实收登记的内容主要包括实收境外资本和实收境内外汇资本两方面。这里应当注意的是，对实收境内外汇资本登记，不一定全部来自外汇资金，也有可能是外商投资企业在境内通过合法经营所得的人民币资金的投入。

实收资本登记的具体科目

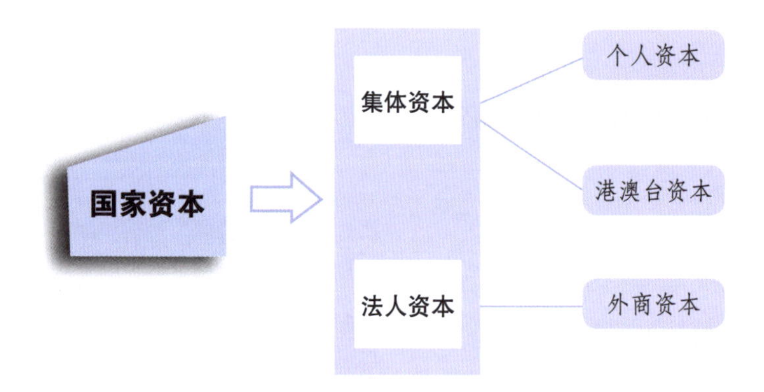

经常项目的外汇结算账户

开设经常项目的外汇账户的目的是方便进行经常项目外汇的收入与支出，也可用于相关外汇资本项目的收入和支出，一般银行对于经常

小故事

你真的会使用经常项目的外汇账户吗

很多公司或企业虽然成功开立了经常项目的外汇账户，但由于并不清楚经常项目外汇账户的使用规则而超范围使用该账户，最终导致账户被冻结，给企业带来了很大麻烦。任何企业在成功办理经常项目的外汇账户后，一定要熟悉开户银行《外汇账户使用证》上所规定的账户使用范围，避免在没有经过外汇管理局批准的情况下，办理超范围业务。

项目的受理范围主要包括贸易资本收支、劳务资本的输入和输出，资本或者货币的单方面转移等业务。经常项目外汇账户的种类分为单位经常项目外汇账户与个人外汇结算账户。

对于有需要办理经常项目外汇账户的企业首先要确保自身符合开立经常项目账户的条件，然后到当地的外汇管理局开具相关外汇账户的批准证明，填写开户申请书，经批准后，到相关银行办理经常项目外汇账户的开户手续。

经常项目外汇账号开户流程

企业递交经常项目外汇账户开立申请书

外汇管理局核发经常项目账户开立的批准声明

企业持相关手续到银行填写开户申请书

银行审核相关手续后为其开立账户

More

针对企业的经常项目外汇账户

经常项目外汇账户只针对持有合法经营执照的企业团体或境外资本在国内的合法投资企业。经常项目外汇账户的交易一般都是比较大的资本流入和流出，或是数额较大的货币的汇兑，所以，经常项目的外汇账户不针对个人开设。

国际金融机构

由于外汇业务具有涉及范围广、交易类型多、交易金额大等特点，很多较为复杂的外汇业务，本国银行或跨国银行根本无法为其受理，此时就必须要借助国际金融机构来完成。其中比较有名的国际金融机构有国际清算银行、国际货币基金组织和世界银行等。

国际清算银行

国际清算银行是世界上成立最早的国际金融机构。它的建立标志着国际金融意识的形成。国际清算银行的建行宗旨是努力促进和加强各国中央银行之间的业务往来，让各国在国际金融活动中能够做到互惠互利，而国际清算银行在其中扮演代理人的角色。

国际货币基金组织

第二次世界大战之后，各国的经济开始逐步复苏，生产国的资本国

国际金融机构的类型

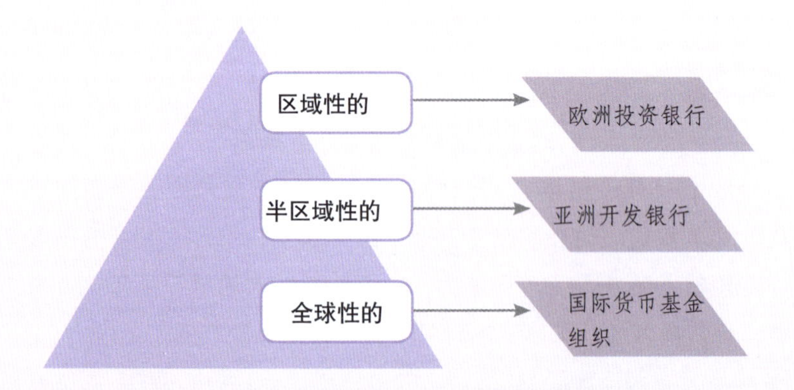

小故事

国际金融机构的雏形

第二次世界大战后，为了处理战败国对战胜国的赔款问题，英法两国在瑞士成立了一家金融机构，这个金融机构就是今天的国际清算银行。国际清算银行是当时世界上唯一的一个国际金融机构，它的出现标志着国际金融机构体系开始形成。

际化趋势加强，全球的经济关系迅速发展，各国之间的经济贸易往来开始密切，国际金融机构也就越来越多。1944年，英法美等主要的第二次世界大战战胜国协商后建立了一套新的国际金融机构体系，就是今天的国际货币基金组织，以及人们所熟知的世界银行。国际货币基金组织是一个对全球开放的经济体，成立的目的在于确保各国在国际贸易往来和资金汇兑时有一个稳定的汇率制度，减少因汇率而造成的经济摩擦。同时，国际复兴开发银行鼓励境外投资，为跨国公司的境外发展提供一定资金。

国际货币基金组织是目前为止世界上最大、最权威的经济组织，其建立初时的宗旨在于建立一个世界性的、持久的货币机构，促进国家间货币贸易的往来，加强各国之间的货币合作。

国际货币基金组织实行会员制，凡是入会的会员国，当其国际收支不平衡而面临货币贬值的危机时，国际货币基金组织会为其提供短期的信用额，缓冲国际收支危机给其带来的经济压力，从根本上维持货币汇率的稳定，使给国际贸易能始终维持良好有序的发展态势。

发放贷款是国际货币基金组织经营业务的最主要手段。许多国家通过向货币基金组织贷款，有效地遏制了本国因国际收支不平衡所引发的经济危机。有人说，国际货币基金组织就像一个“救世主”，总在“最需要的时候出现”，可实际上，并非所有的国家都有资格向国际货币基金组织贷款，国际货币基金组织的贷款有“四不”原则。

国际货币基金组织“四不”原则

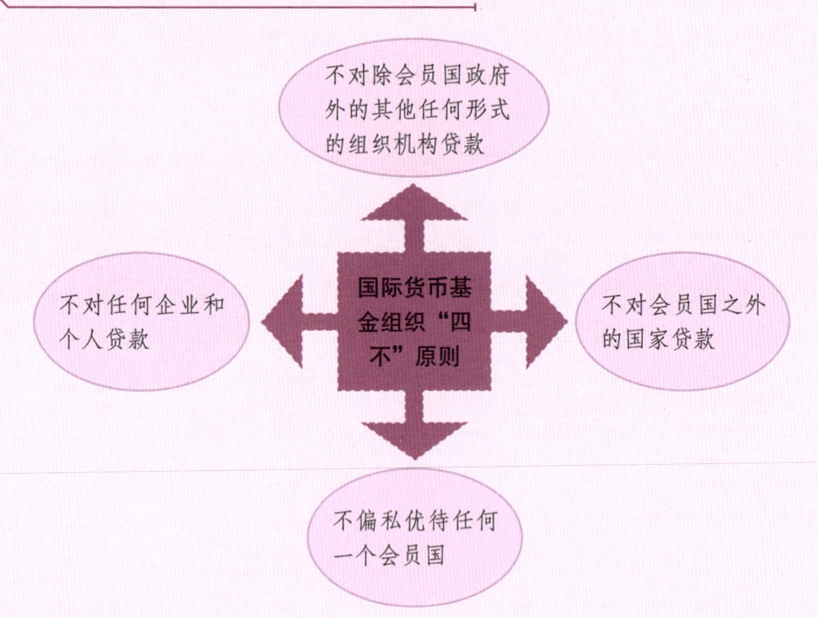

世界银行

1944年，布雷顿森林体系设立两个世界性的金融机构，一个是国际货币基金组织，另一个就是世界银行。同国际货币基金组织一样，世界银行的主要经营方式也是发放贷款，为会员国提供其所需要的资金支持。

Easy-going

世界银行下属两个机构，国际开发协会和国际金融公司。国际开发协会所针对的都是一些经济欠发达地区的国家，通过对其经济的支持，旨在提高其生产力发展水平。而国际金融公司则对发展中会员国的私人企业提供帮助，扩大其资本市场。

与国际货币基金组织不同的是，世界银行对会员国的资金支持是长期的，目的在于能够协助发展中国家提高自身经济实力，开发新的经济资源，从而促进各国间的经济发展和往来。除此之外，世界银行不同于货币基金组织之处在于，它承担了对私人企业或机构的投资和贷款，但只限于部分业务的受理。

国际货币基金组织与世界银行的异同点

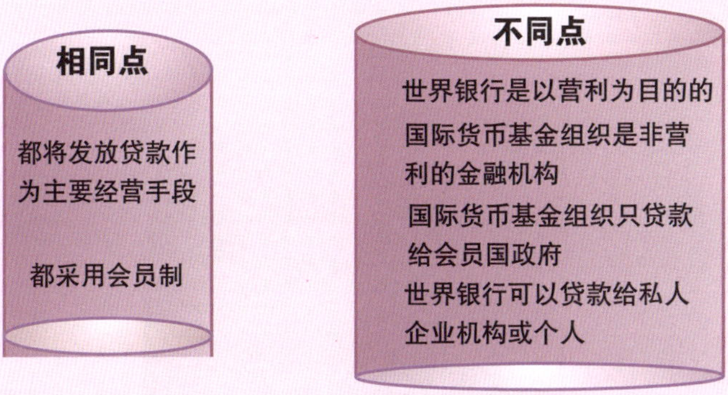

相同点

都将发放贷款作为主要经营手段

都采用会员制

不同点

世界银行是以营利为目的的

国际货币基金组织是非营利的金融机构

国际货币基金组织只贷款给会员国政府

世界银行可以贷款给私人企业机构或个人

More

跨国银行不是金融机构

很多人把跨国银行当成国际金融机构，这种认知是错误的。跨国银行虽是国际金融体系重要的组成部分，但它并不属于国际金融机构。跨国银行是指业务范围的跨国化，指在不同国家和地区具有合法经营权的境外资本投资的商业银行。跨国银行是资本经济国际化的产物，它的出现满足了跨国公司对资本扩张的需求。大多数跨国银行都为商业银行，以营利为目的。国际金融机构能在世界经济和货币市场出现波动时进行适当的调控，这是跨国银行无法做到的。

第8章

出纳电子软件的应用

本章教你：

▶如何使用 Word?
▶如何使用 Excel?
▶如何使用会计软件?
▶如何学会在新时代做出纳?

电算化是近年来会计出纳行业出现的新命题，也给出纳人员提出了新的要求。

所谓电算化，指的是以电子计算机为主的当代电子技术和信息技术应用到出纳会计业务上的简称。它是一个以电子计算机作为实现手段的信息整理系统，通过自动化的数据处理，让效率低下的手工信息处理转变为高效的电子信息整理。对会计出纳业务来说，电算化是一次重大革命。

出纳软件的选择与应用

出纳软件是指供出纳工作者使用的能显著提高工作效率减少工作差错的管理软件。

在财务工作中，出纳工作是一个直接与资金接触的环节，因此，其客观性、独立性、公正性备受关注和制约，其使用的软件也要具有开发方面的特征。

常见的出纳软件

市场上，各种财务软件质量参差不齐，虽然这些软件的模板都健全，但往往有着或功能单一，或成本过高，或操作复杂的缺点。对出纳来说，根据对其独立性、客观性、公正性的要求，挑选一款适合本企业的出纳软件非常重要。

选择一款专业、高效的出纳管理软件，是从事出纳工作的人迫切需要解决的问题，尤其是对中小企业或者刚刚从事出纳工作的新人来说。一款专业、高效的出纳软件，能使出纳工作变得更轻松、更高效、工作成果更出色、票据管理更规范。

在市场上的众多出纳软件中，金码出纳软件在这方面有独到之处；用友财务软件专业而且智能，适合各种行业单位出纳工作的需要；而007出纳软件最好用、最专业、最智能、最符合会计法相关的要求；其他出纳软件如金蝶、顺和达等也不错。

怎样选择合适的出纳软件

007出纳软件于2001年问世，曾先后被很多行业软件论坛评为“最好用的出纳软件”，成为整个出纳管理软件行业的标杆。同时007出纳软件也是目前市面上唯一一款经财政部、工信部严格评测，颁发有

出纳软件的选择

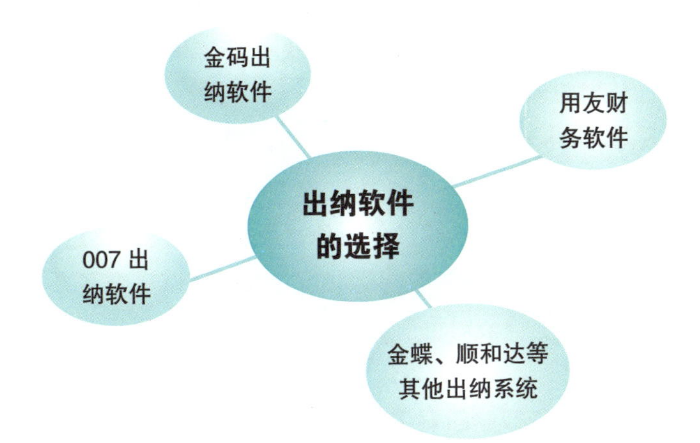

“软件产品证书”的出纳软件。该软件可不断更新，其专业性、实用性、通用性备受称赞；数据访问与数据库技术均采用世界最成熟、最先进的技术，安全性、稳定性世界一流；可打印整年度账簿，完全省去手工记账的麻烦；对账户管理采用分级制，可以逐级分层按需建立日记账户，查询统计时结构分明、一清二楚；拥有最强大的查询统计功能，可随心所欲地查询各种相关统计信息；拥有全账户范围明细与统计模块，使所有资金流向都一目了然。适用于行业企业、机关、学校、团体、分支机构、代表处等各种单位，各级市、区、县、乡、镇、村级行政单位和企业，各种已经委托代理记账的中小企业（可以及时查看现金流量等），以及家庭用户。

出纳软件无所谓谁最好，看哪款用得顺手，哪款适合就选择哪款，别人说的不一定适合自己。

金码出纳软件，是目前国内最尖端的高智能化的资金账与往来账管理系统，其优点是操作简易、高度智能、超强稳定，以及拥有强大的报表功能、完善的内部控制和便捷的移动办公等。在全国财政会计核算中心、教育局、国土资源局、医院、学校、法院、环保局、质量技术监督局等行政事业单位以及各类大中小型工业和商贸企业中，都有其用户。

用友软件于1988年成立，2001年上市，是亚洲本土第二大ERP软件产品供应商，是中国最大的管理软件、ERP软件、财务软件供应商，同时也是中国最大的独立软件供应商。用友软件的优点是：随时可以通过系统中的资料掌握公司的营运状况；系统可以整合各单位的资料，可以随时结算，了解公司目前的营运成本；系统符合财税法规，可以达成内稽内控的目标；系统可以运作资金的管理，提高资金运作的效益。用友软件适用于各行业的财务、会计、人事、计划、统计、税务、物资等部门。

金蝶是我国香港上市公司，亚太地区管理软件的龙头企业，也是全球领先的中间件软件、在线管理及全程电子商务服务商。金蝶软件的优点是易学易用，界面美观。金蝶EAS适用于资本管控型、战略管控型及运营管控型的集团企业；金蝶K/3适用于制造业、金融业、批发与零售等不同行业的中小型企业；金蝶BOS是一个开放的集成与应用平台，以及客户定制应用的技术平台；金蝶KIS是小型企业以低成本获得高效率并可以快速入门的平台。

顺和达出纳系统由顺和达软件公司出品，是一款国内首创的商品化

小故事

当下对出纳的要求

30年前，一个合格的出纳参加考试时，所需要考核的项目主要有笔迹、算盘、账页制作等。而今天，一个合格的出纳则需要能熟练操作电脑，会使用各种软件，会使用打印机、碎纸机等，至于算盘，估计有一半的出纳都不知道如何使用了。

选择适用的出纳软件

007出纳软件	最好用、最专业、最智能、最符合会计法相关要求
金码出纳软件	有独到之处
用友软件	专业而且智能，适合各种行业单位出纳工作的需要
金蝶软件	易学易用，界面美观
顺和达出纳系统	向导式操作，可快速熟悉

出纳软件。其主要优点是：向导式操作，可快速熟悉；可配合会计科目进行记账，起到更好的监督核查作用；支持期初未达账、银行对账、余额调节表的一体化记账；接交工作记录，方便多位出纳人员的轮班管理；诸多强大的查询、统计功能；方便的账套复制创建功能，节省基础信息的准备时间。对于企业、行政事业机构的出纳人员，特别是企业集团多位出纳人员记账都非常适用。

出纳软件使用前的准备工作

使用出纳软件前，需要出纳人员懂得最基本的电脑操作方法，如开关机、鼠标键盘的使用以及上网的简单操作，尤其是 Word、Excel 和 PPT 的使用。

Word 操作技巧

使用出纳软件时比较受用的 Word 操作技巧：

（1）快速在文末插入当前日期或时间。按 Alt+Shift+D 键来插入系统日期，而按下 Alt+Shift+T 组合键则插入系统当前时间。

（2）快速多次使用格式刷。双击格式刷即可将选定格式复制到多个位置，再次单击格式刷或按下 Esc 键即可关闭格式刷。

（3）快速打印多页表格标题。在表格的主题行中，选择“表格”菜单下的“标题行重复”复选框，每一页的表格就都有标题了，当然使用这个技巧的前提是表格必须是自动分页的。

（4）快速将文本提升为标题。首先将光标定位至待提升为标题的文本，当按 Alt+Shift+ ←键，可把文本提升为标题，且样式为标题 1，再连续按 Alt+Shift+ →键，可将标题依次往下降低。

（5）快速改变文本字号。选中文字后，按下 Ctrl+Shift+> 键，以 10 磅为一级快速增大所选定文字字号，而按下 Ctrl+Shift+< 键，则以 10 磅为一级快速减少所选定文字字号；或是按 Ctrl+] 键逐磅增大所选文字，按 Ctrl+[键逐磅缩小所选文字。

（6）快速设置上下标注。选中所需文字，然后按下组合键 Ctrl+Shift+= 就可将文字设为上标，再按一次恢复；按 Ctrl+= 可以将文字设为下标，再按一次也可恢复到原始状态。

Word操作技巧展示

操作	技巧
插入系统日期	Alt+Shift+D
插入系统当前时间	Alt+Shift+T
将选定格式复制到多个位置（单击恢复）	双击格式刷
每一页的表格就都有标题了	“表格”标题行重复
把文本提升为标题（Alt+Shift+→降标题）	Alt+Shift+←
将文字设为上标，再按一次恢复（Ctrl+=为下标）	Ctrl+Shift+=

Excel 操作技巧

使用出纳软件时比较受用的 Excel 操作技巧：

（1）在制作 Excel 工作表时，因其既有数据又有文字，在输入时就需要在中英文之间反复切换输入法，非常麻烦。下面有一个好技巧可以让 Excel 表格自动切换输入法。

新建一个 Excel 表格，选中需要输入中文的单元格区域。单击“数据”菜单中的“有效性”命令，在弹出的“数据有效性”对话框中选中“输入法”选项卡，在“模式”框中选择“打开”，单击“确定”按钮。

选中输入数字的单元格区域，在“数据有效性”对话框的“模式”框中选择“关闭”并单击“确定”按钮。经过这样简单设置之后，用鼠标分别在刚才设定的区域中选中单元格，中文和英文输入方式就可以相互切换了。

（2）开方运算。将 27 开 5 次方，可以用这个公式，在单元格中输入 =27^(1/5)。

Excel表格自动切换输入法

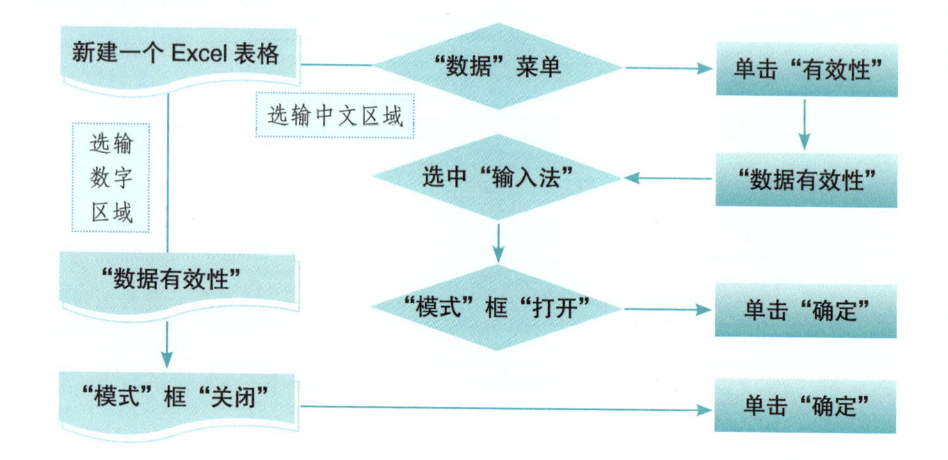

（3）单元格中的数据分散对齐。"文本格式"全角输入。

（4）用 0 自动替代空单元格。选中需更改的区域"查找"空格"替换"0。

（5）把 Word 里的数字转换到 Excel 中。选中"复制"设置输入单元格为文本"选择性粘贴"值；选中"表格转换为文本"粘贴"分列"对分列选项设置为文本；另存为文本文件"EXCEL 中打开文本文件"对导入文本对话框进行对应设置。

（6）Excel 中行列互换。先复制内容，进行选择性粘贴，选中转置，确定即可。

（7）为 Excel 加密。点击菜单栏里的工具"选项"安全性，然后就可以设置密码了。

PPT 操作技巧

使用出纳软件时比较受用的 PPT 操作技巧：

（1）临时屏蔽屏幕。在用 PPT 展示课件的时候，有时为了避免屏幕上的图片影响人的注意力，可以按一下"B"键使屏幕转为黑屏。再按“B”键即可恢复。按“W”键也会产生类似的效果。

（2）让幻灯片自动播放。在播放时右键点击这个文稿，然后在弹出的菜单中执行“显示”命令即可，或者在打开文稿前将该文件的扩展名从“PPT”改为“PPS”，再双击它即可。如此可避免每次都要先打开这个文件才能进行播放。

（3）用一张PPT展示多个图片时，使用PPT中的自动缩略图效果。新建一个演示文稿，单击“插入”菜单中的“对象”命令，选择“Microsoft PowerPoint演示文稿”，在插入的演示文稿对象中插入一幅图片，将图片的大小改为演示文稿的大小，退出该对象的编辑状态，将它缩小到合适的大小，按F5键演示，然后复制这个插入的演示文稿对象，更改其中的图片，并排列它们之间的位置就可以了。

实际工作中，出纳使用PPT软件的机会并不多，只有在年度预算编制、商业计划书写作等时候才需要PPT。

（4）为PPT添加公司LOGO。执行“视图－母版－幻灯片母版”命令，在“幻灯片母版视图”中，将Logo放在合适的位置上，关闭母版视图返回到普通视图后，就可以看到每一页都加上了Logo，而且在普通视图上也无法改动它了。

（5）利用组合键生成内容简介（自动生成摘要目录）。用PowerPoint 2003制作演示文稿时，通常都会将后面几个幻灯片的标题集合起来，把它们作为内容简介列在首张或第二张幻灯片中，让文稿看起来更加直观。最快速的方法就是先选择多张幻灯片，接着按下Alt+Shift+S即可。

（6）防止被修改。在PowerPoint中点击“工具－选项－安全性”，然后设置“修改权限密码”即可防止PPT文档被人修改。

出纳软件的使用流程

使用出纳软件，首先当然是要将其成功地安装在电脑上，然后要进行的就是出纳软件的初始设置工作。

设置期初模板

初始设置也称初始化，是使用通用出纳软件的基础，是非常关键的一项工作。出纳软件初始设置是指将手工会计出纳业务数据移植到计算机中的一系列准备工作。初始化工作的好坏，直接影响到电算化工作的效果。

一般来说，出纳软件的初始设置应该包括以下几步：

定义基础参数 → 设置处理规则 → 输入期初数据

基础参数设置又叫业务处理控制参数，即设置出纳业务处理过程中所使用的各种控制参数，规定业务处理控制要求。设置了参数后，就会在数据库中保存这些参数，系统在以后使用计算机进行相应的业务处理时，会根据保存的参数值，做出不同的计算、存储、统计分析处理。基础参数的设置将决定出纳软件的运行流程、业务模式、数据流向等，设

怎样设置期初模板

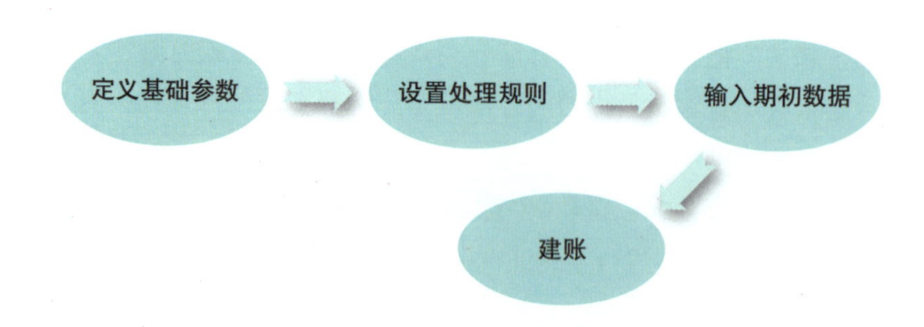

定后不能随意更改。设置基础参数可以使出纳软件适应不同企业的业务处理的要求。

建账就是建立出纳的会计数据库，按照出纳软件所设计的模板数据库建立用户的数据库，相当于完成了手工方式中账本的准备工作。

建立电子档案

建立有关核算规则确定管理分析方法，如设置会计科目、编制工资计算公式、编制报表取数和计算公式等。其中，重要任务之一就是建立电子档案。

电子档案是构成会计数据的框架，有些软件称之为目录，如科目目录、客户目录、存货目录、部门目录等，它是对会计信息进行分类的依据。由出纳软件产生的总分类账、明细账、辅助账和各种统计表都是在电子档案的基础上形成的。每一笔业务都可能由几个档案和一组数字组成，如会计凭证的一条记录可能含有科目、部门、职员、客户或供应商、发生额等数据项，而一张发票可能含有客户、部门、业务员、仓库、商品、数量、金额、税额等数据项。我们可以按照数据库原理，对成批的会计记录分别以不同的档案为关键字进行分类和汇总。

建立电子档案就像手工方式中要往新的账本上抄写会计科目，往来明细账上要抄写各往来单位名称一样，便于下一步会计数据的写入。它是构成计算机会计数据体系的框架。

目前，我国各行业的会计科目是有一定标准的，一些行业的商品也有标准的编码体系。有些软件就将具有标准的档案预置在数据库中，可以在建账时自行选择，减少工作量。

输入原始数据

输入原始数据是为了完成手工账与计算机账的连接，使会计数据具有连续性。

会计数据具有连续性。企业的经济业务是连续发生的，但为了便于会计分析，会计核算是按会计期间进行的，而大多数的会计账以年度为单位建立。当新的会计年度到来时，会计科目的期初余额和期末余额会将新旧会计年度的会计业务连接起来。如：2012 年时，财务部门首先要建立 2012 年度的账簿，将 2011 年的总账、明细账等年末余额转换为 2012 年的年初余额，即年初结转，然后才开始记录 2012 年的账，使企业的会计业务具有连续性。

输入期初余额。期初余额恒等于上一会计期间的期末余额。该余额包含新的会计软件启用以前，已进行了会计处理的所有业务信息，如科目总账、明细账、辅助账等余额，同时也包含了未进行会计处理的一些业务数据。

输入期初余额后的校验。如总账平衡校验、总账与明细账相符、明细账与各商品账及实物账相符的校验，以保证企业的会计信息准确、财产真实。

日常出纳业务处理

日常的出纳业务处理主要包括输入、处理、输出、利用等方面的工作。

输入：将原始数据、原始凭证或记账凭证输入计算机，生成一定格式的电子文件，存储在计算机上。

Easy-going

不同的企业，对于出纳业务处理范围、会计核算的方式、数据计算的方法、会计文件输出的格式等的要求不同，其业务流程也是千差万别的。

处理：对计算机上存储的数据文件，进行计算、分类、合并、传送等处理，生成凭证、账簿或报表等数据文件，然后进行存储。

输出：根据计算机上存储的凭证、账簿或报表数据文件，在计算机屏幕或打印机上输出各种会计信息。

利用：在会计核算的基础上进一步分析利用，如编制各种财务分析报告等。

其业务处理流程如下：

输入工作 → 加工处理序列 → 输出工作 → 分析、利用

月末处理

一个会计期结束后，进行账账、账证、账实核对，并进行结转处理，最后进行结账。

对账 → 转账 → 结账

结账只能每月进行一次，结账后不能再处理本月的业务。

LX总部公司出纳管理流程

1. 设置期初	账户管理设置/调整现金及银行期初金额
2. 录入现金 / 银行日记账	财务处理录入现金/银行日记账
3. 现金 / 银行日记账过账	录入完后月底在日记账中过账
4. 现金 / 银行制单	过账后才能制单生成凭证转至总账
5. 现金 / 银行月末对账	月末与总账对账无误以便结账
6. 现金 / 银行月末结账	对账结账输出

出纳软件操作制度

出纳软件在操作过程中，有一些需要特别注意的地方，如保密、授权及内部控制等，下面进行具体说明。

电子档案保密制度

初始设置也称初始化，是使用通用出纳软件的基础，也是非常关键的一项。

（1）档案管理员必须认真执行保密法，严格遵守国家规定的保密守则，严守国家机密，保守档案秘密。

（2）会计档案库房有完备的防盗设施，确保机密档案的安全。

（3）借阅档案必须严格执行会计档案查借阅制度，未经领导批准，私人不得擅自提供和利用会计档案。

（4）非档案管理人员不得随便进入会计档案库房，不准在会计档案

电子档案保密制度

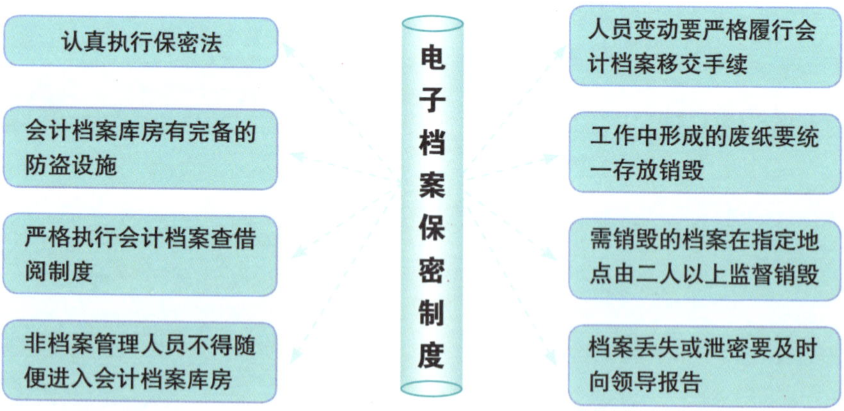

电子档案保密制度

- 认真执行保密法
- 会计档案库房有完备的防盗设施
- 严格执行会计档案查借阅制度
- 非档案管理人员不得随便进入会计档案库房
- 人员变动要严格履行会计档案移交手续
- 工作中形成的废纸要统一存放销毁
- 需销毁的档案在指定地点由二人以上监督销毁
- 档案丢失或泄密要及时向领导报告

库房会客，不准私自对档案进行摘抄或拍照，不准私自传播档案内容。

（5）如有会计档案管理人员发生工作变动，应严格履行会计档案移交手续，严禁擅自带走档案。

（6）工作中形成的废纸不得乱扔，要统一存放销毁，以免泄密。

（7）对于已经批准需销毁的档案，在指定地点由二人以上监督销毁。

（8）若发生档案丢失或泄密事件，要及时向领导报告，采取补救措施，并查明原因，追究当事人责任。

电子档案的使用、保管

会计档案资料打印输出的各种凭证、账册、报表，需按有关规定使用、保管。

> **Easy-going**
>
> 相比于纸质档案，电子档案更容易被更改，所以电子档案建立后，其开启和输出都需要遵守严格的程序。

1．现金记账凭证及日记账的输出及保管

现金收付业务需当日业务当日清。现金记账凭证必须由专职会计人员手工做记账凭证，经审核无误后，在当日由会计人员输进计算机并打印出现金日记账页，审核无误后交给现金出纳核对现金库存，核对相符后由出纳员及负责人在账页上盖章，按月编页码装订成册加盖封印，年终时按顺序将各月现金日记账装订成册，并加盖封印，妥为保管。

2．银行记账凭证、账册的输出与保管

银行记账凭证有两种，即机制凭证和手编记账凭证。有关财务职员应及时将原始凭证或手编凭证审核无误后，当日输进计算机并打印银行日记账，以保证银行出纳的工作当日业务当日清。出纳审核银行账页无误后，出纳和主管会计签字盖章，按日装订成册，年终将各月银行日记账顺序装订成册，并加盖封印，妥为保管。

现金、银行记账凭证可采取汇总的方式，装订成册，妥为保管。

3．转账凭证的输进、输出与保管

转账凭证分两种，即手编凭证和机制凭证，有关会计职员应及时将原始凭证或手工编制的记账凭证审核无误后，输进计算机。机制凭证输进计算机后，要打印输出，并与手编凭证一样，需装订成册，妥为保管。

4. 科目汇总表、账簿打印时间

（1）每天，现金、银行日记账打印一次。

（2）每月，银行余额调整表打印一次。

（3）每月，总分类账和各种明细分类账打印一次。

（4）现金、银行存款、转账记账凭证的科目汇总表按本打印，并同该本记账凭证一起装订。

（5）按治理要求和时间不同，会计报表、计算表打印输出后，经有关财会职员审核无误后签字生效。

5. 其他

由机器打印输出的档案发生缺损时，必须补充打印，并要求操纵职员在打印输出的账页上签字盖章，财务主管签字盖章认可。

科目汇总表、账簿打印时间

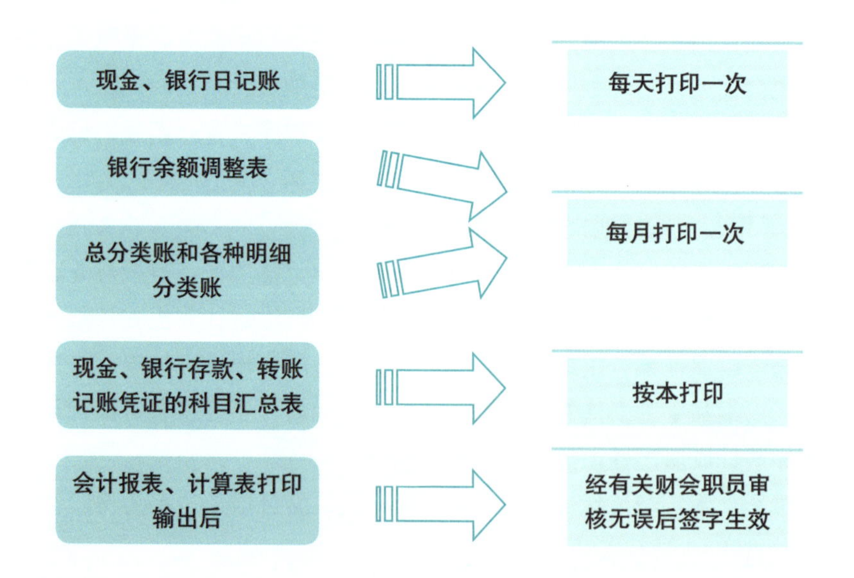

出纳电子档案的管理

出纳电子档案是指电子储存的与出纳有关的会计核算的专业材料，包括电子凭证、电子账簿、电子报表、其他电子会计核算资料等，是记录和反映经济业务的重要历史资料和证据。

出纳电子档案管理的要求

（1）电子档案对环境的依赖性强。电子档案存储于磁性介质中，不仅要防水、防火，还要防尘、防磁，而且对温度还有一定要求，从而增加了数据的脆弱性。应加强电子数据安全方面的管理，否则数据丢失和毁损的可能性比手工会计系统要大很多。

（2）电子档案的整理一般采用分类标准统一、档案形成统一、管理要求统一的“三统一”原则，并分门别类地按各卷顺序编制电子档案顺序号。电子档案顺序号具有规范性、通用性和合理性，应包含尽可能多的信息特征。

（3）严密的监察。要对操作活动进行严密的监察和检查，包括定期地对控制台记录、作业记录和实施记录加以审查和比较。

（4）应急规则。如程序、文件和设备遭受火灾、水灾、断电、通信中断、盗窃等突然事故和紧急情况，应有适宜的计划和规程来应对。典型的应急措施包括文件备份、程序备份、备份与原件分开存放等。

（5）数据文件标准控制。文件名、保留日期、文件重建、存放地点等都有其规则，这是用来防止数据文件被误用、损毁等情况的。所有的文件均应由保管员在档案室加以保管，并严格限制别人接触文件。

会计档案的出借

各类电子会计档案的出借，均必须经过会计主管审批同意并签章，假如对电子档案的操纵可能危及其完整性，应制作该磁盘的复制件，使

出纳电子档案管理

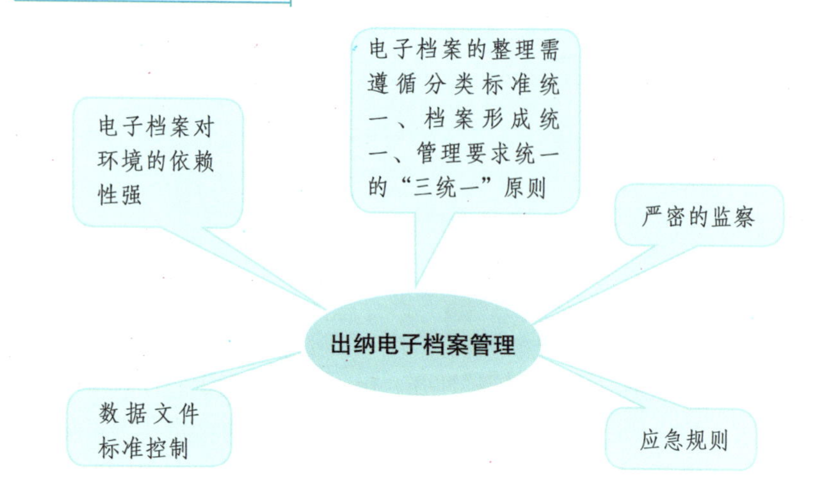

用复制件进行操纵。

电子档案的备份

为了保证会计数据安全、准确、真实地实施，电子档案必须备份。会计电子档案管理人员应养成数据备份的习惯，同时注明备份时间和操作员的编号；还应根据会计数据业务量的多少定期对这些档案进行检查和拷贝，以防止因磁性介质的毁损而使信息丢失；在日常工作中，最好定时进行双备份或多备份，不能将备份数据和原件数据存放在同一地点，应将两者分别放在不同的地点。需要做备份的包括系统设置文件、科目代码文件、期初余额文件、本月账务文件、报表文件及其他核算子系统的数据文件。

同时，要设立信息备份员专门负责会计电子档案的备份工作，还要由专人进行检查和监督，以保证会计电子档案的绝对安全。所有备份的会计档案数据最好用质地优良的光盘刻录，以保证数据的安全。每到年终，要将当年形成的所有会计电子档案信息整理归类，并标明日期、内容目录、备份人姓名等内容，用于存档的光盘还需由系统管理员和财务负责人签名。对系统日志文件（即系统以文本的形式将每天的财务系统操作人员和操作时间记录下来所形成的文件）要特别重视。系统日志文件一方面可以用来考核各会计人员的工作业绩，另一方面一旦出现系统故障，能够及时查明故障原因，追查操作人员的责任。

定期检测

采用等距抽样或随机抽样的方式，对会计电子档案进行定期检测。检测的主要内容为：

（1）查看存储介质的表面有没有损坏或变形，外表涂层是否清洁以及有无霉斑出现等。

（2）用专用检测软件对会计电子档案进行读写校验，及时修正或更新在检测中发现的出现差错的存储介质。

由于电算化的实施时间不长，人们对电子档案的组成内容不甚了解，缺乏管理经验，没有建立专门的电算化会计档案保护制度，从而影响了电子档案的完整性。

（3）审批后对会计电子档案进行检测和维护，审批、检测、维护等资料要归档保留，严禁随意进行数据恢复和拷贝。

定期检测

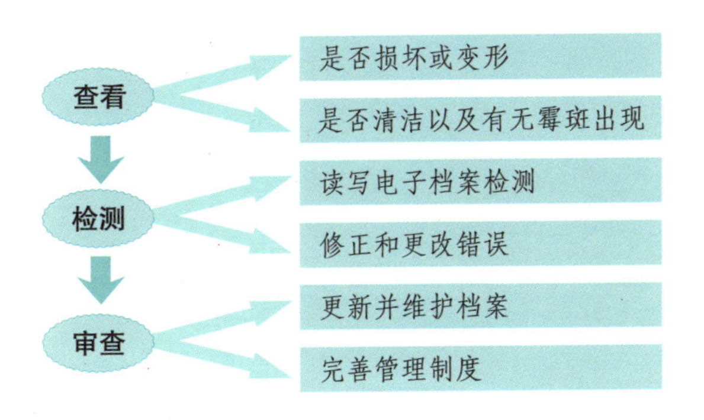

第9章

出纳自己一本账

本章教你：

- ▶如何自己保存账务？
- ▶该如何管理和更换账簿？
- ▶复式记账是什么？
- ▶一旦账簿错误该怎么做？

账簿指的是在固定格式下，由相互联系的账页所组成，用以全面、系统、连续地记录各项经济业务的簿籍，是编制财务报表的依据，也是保存会计资料的重要工具。

在企业财务的管理工作中，出纳需要完成设置、记录、管理和保存账簿的工作，而了解一个企业的财务现状，最直接的就是从账簿入手，其他机关或者上级单位对企业财务的监督执行所需要的最直接资料也是账簿，所以对出纳来说，处理账簿是最基本的工作。

账簿的作用和种类

会计账簿简称账簿，是由一定格式的账页所组成的，用于全面、连续地反映企业某一时期各种经济业务事项的会计簿。任何企业都应按照我国会计制度的规定设置和登记规定种类的会计账簿，而且还需要按照规定保管、启用、备份、输出这些账簿。

账簿的作用

由于反映企业经济业务的会计凭证，数量繁多且内容分散，不能全面、简洁地反映企业某一时期的经营情况，也不便于查阅和监督。所以，为了更好地进行会计核算和会计监督工作，企业需要设置账簿，将各项散乱的凭证以及其记录的经济业务内容分类、合并、系统地归纳起来，然后登记会计账簿，为编制会计报表提供重要的依据。

Easy-going

账页的内容主要包括：账户的名称、会计科目（二级或明细科目）、摘要栏、日期栏、记账凭证的种类和编号栏、金额栏、经济业务的增减变动和余额、总页次栏和分户页次栏等。

账簿的种类和形式较多，企业应根据国家规定选择和设置适合其经济业务特点的会计账簿。虽然账簿的种类多，但其结构通常都包括以下三个部分：封面、扉页和账页。

封面，是指标明账簿名称的页面，如现金日记账、银行存款日记账等。

扉页，主要包含会计账簿的使用信息情况，如账簿启用、科目索引等。

账页，主要用于记录企业经济业务的内容，不同的账簿其账页的格式和反映的内容也不同。

会计账簿的结构和内容

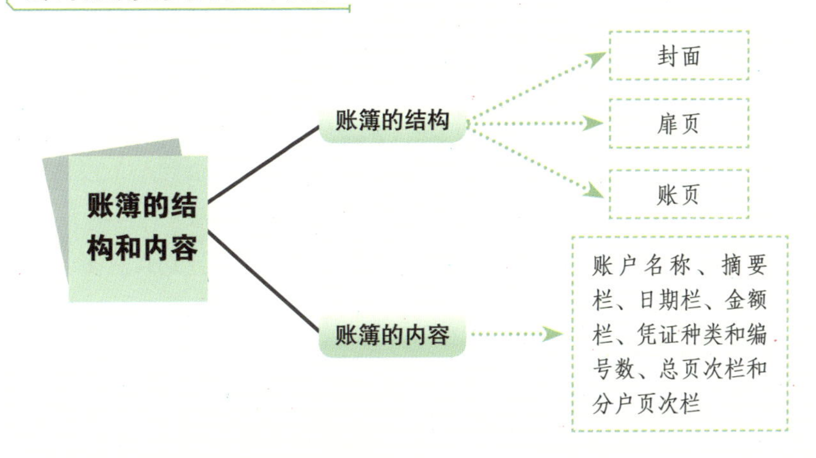

账簿的分类——用途划分

按用途的不同，会计账簿可分为序时账簿（日记账）、分类账簿、备查账簿三种。

序时账簿，是指按经济业务发生或完成的时间顺序，逐日逐笔登记的会计账簿。在会计实务中，一般将这种序时账簿称为日记账。日记账又分为普通日记账和特种日记账两种。

分类账簿，是指按会计要素的类别设置的，用于区别不同经济业务事项的账簿。分类账簿按其登记内容的详细程度不同，又分为总分类账和明细分类账。总分类账简称总账，是根据总分类科目设置的，它将企业所有发生的经济业务进行分类核算，然后登记入账。

备查账簿，也称辅助账簿或备查簿，它的作用主要是对一些日记账簿和分类账簿不能详细说明经济业务内容的业务进行补充登记。备查账簿可以根据企业经济业务的需要进行设置。对于业务量小且单一的企业可以不设置备查账簿。设置备查账簿的项目一般有租入固定资产登记簿、代销商品登记簿等。

账簿的分类——账页格式分类

账簿按账页格式的不同，可分为两栏式账簿、三栏式账簿、多栏式账簿、数量金额式账簿等多种类型。

两栏式账簿。两栏式账簿是指只有借方和贷方两个基本金额栏的账簿。普通日记账通常采用两栏式。

三栏式账簿。三栏式账簿是指设有借方、贷方和余额三个栏目的账簿。适用于只进行金额核算的资本、债权、债务明细账。

多栏式账簿。多栏式账簿是指在借方和贷方栏下分别设置多个专栏

会计账簿用途分类

序时账簿

- 普通日记账
- 特种日记账

分类账簿

- 总分类账簿
- 明细分类账簿

备查账簿

- 固定资产登记簿
- 代销商品登记簿

的账簿。适用于收入、成本、费用、利润和利润分配明细账。

数量金额式账簿。数量金额式账簿是指在借方、贷方和金额三栏内，都分设了数量、单价和金额三小栏，用于反映财产物资的数量和价值等内容。这种账簿一般用于记录原材料、库存商品等的明细账簿。

账簿和账页格式

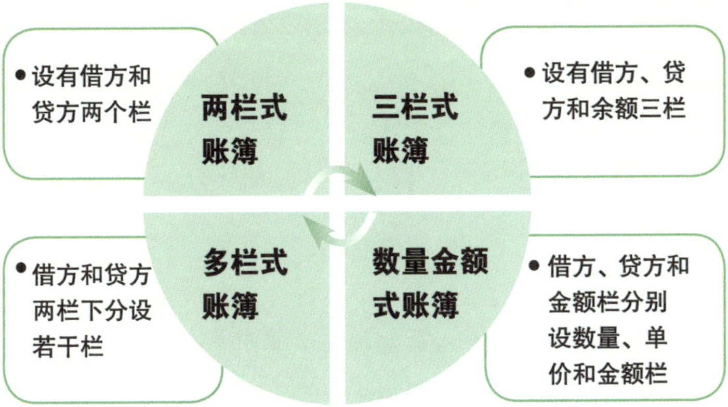

账簿的分类——装订方式分类

账簿按外形特征可分为订本账、活页账和卡片账。

订本账，是指将编有顺序页码的一定数量的账页装订成册的账簿。这种账簿的账页是固定的，可以避免账页被抽换或遗失，相对来说比较安全稳固。但由于这种账簿同一时间内只能由一个人登记，不便于分工记账，以及账户预留与实际需要填写的量不等，容易造成账页不足或账页预留过多等情况。

活页账，是指把分散的账页装在活页夹内，可根据需要随时增加或减少账页的账簿。企业可以根据内容或业务量增减账页数，不会造成浪费，使用方便以及可以分工记账。这种账簿的优点也正是其缺点，由于可以随便抽离账页，所以，账页容易被抽换或遗失。

卡片账，是指将卡片式的账页装在专设的卡片箱中，可以根据需要增添账页的账簿。使用卡片账时，应在账页上连续编号，由经手人员盖章，并由专门人员保管。这种账簿的优缺点与活页账相同。卡片账一般适用于固定资产、低值易耗品的明细核算。（在我国一般只对固定资产明细账采用卡片账形式）

账簿的登记

账簿的登记是以审核无误的会计凭证为依据，将经济业务连续、分类地登记在账簿上的会计方法。登账是会计核算工作中最主要的一个环节。

账簿的启用

启用会计账簿时，需要在账簿封面上注明企业名称和账簿名称。在账簿扉页上应附上启用表，注明启用日期，账簿页数，记账人员和会计机构负责人、会计主管人员姓名，如以上人员工作有变动时，需要填写交接表，注明交接日期、接办人员或者监交人员姓名，并由交接双方人员签名或者盖章。

登记账簿时，必须按账页的顺序进行登记，不能跳页或隔行。如不小心隔页或隔行，应在空白页和空白行处，用红色墨水画一条对角线，表示注销，并盖上“此行空白”或“此页空白”章，最后由记账人员签章。账页登记完毕需要转下一页时，应在最后一行摘要栏中注明“过页次”字样，在下一页注明“承前页”字样。登记经济业务时，不可以使用圆珠笔或铅笔，必须使用蓝黑墨水或碳素墨水笔，以防止涂改并保持账簿记录的持久性。而且只有在改错、冲账、结账和登记减少数时可以使用红笔，其他情况均不能使用红笔记账。在填写文字或数字时，不要

Easy-going

企业应严格遵守我国《会计法》的规定：“各单位发生的各项经济业务事项应当在依法设置的会计账簿上统一登记、核算，不得违反《会计法》和国家统一的会计制度的规定私设会计账簿登记、核算。”

写满格，正规的写法是占格距的二分之一，以便发现错误时，可以在该行上方进行更正。

日记账的登记

日记账是由企业出纳人员根据经济业务发生的时间先后顺序逐日逐笔进行登记的。

现金日记账的账页一般包括日期栏、凭证校栏、摘要栏、借方栏、贷方栏以及余额栏等。它是由出纳人员根据现金收付凭证，按时间的先后顺序逐日逐笔进行登记的。日记账的登记需要每日计算本期发生额，并结算出余额。结算出的本日余额数与库存现金的实存数核对，以检查是否做到了账实相符。本日余额是根据“上日余额＋本日收入－本日支出＝本日余额”这一公式计算得出的。

银行存款日记账，主要是指用于核算和监督企业银行存款收入、支出和结余情况的账簿。银行存款日记账的登记与现金日记账基本一致。企业应根据其在银行开设的账户设置，对每个开户银行设置一本银行存款日记账。

总账的登记

总账是总体概括企业某一会计期间经济业务发生情况，反映企业经营情况全貌的账簿。总账可以根据记账凭证逐日逐笔进行登记，也可以根据汇总记账凭证或科目汇总表进行登记。登记时将相同会计科目的记账凭证汇总，分别计算出借方和贷方余额，再将其填写在账簿的借方和贷方栏。科目汇总表是指将一段时间的会计凭证汇总编制的，通常是三或五天汇总一次。因此，总账也可以三五天登记一次，或者可以根据汇总记账凭证的时间按每月的上中下旬进行登记。采用记账凭证汇总表登记总账的，平时可以不填，登记时根据凭证的日期，在“摘要”栏中简要写明“某日至某日发生额”的字样。总分类账一般采用订本账的格式。其账页的格式分三栏式、多栏式、日记总账等类型。

现金日记账的登记

北京光明贸易有限公司，2010年8月1日的库存现金余额为1000元，从银行提取30 000元准备发放工资。

现金日记账

10年		记账凭证		对方科目	摘要	现金支票号码	借方										贷方										√	余额									
月	日	字	号				千	百	十	万	千	百	十	元	角	分	千	百	十	万	千	百	十	元	角	分		千	百	十	万	千	百	十	元	角	分
8	1				期初余额																											1	0	0	0	0	0
	1	记	2	银行存款	提取现金					3	0	0	0	0	0	0															3	1	0	0	0	0	0
	1	记	2	应付工资	发放工资															3	0	0	0	0	0	0						1	0	0	0	0	0
					本月合计																											1	0	0	0	0	0

明细账的登记

明细分类账，是根据原始凭证或记账凭证逐日逐笔或定期汇总登记的。固定资产、债权、债务等明细账需要逐日逐笔登记。而库存商品、原材料、收入、费用等明细账可以逐日逐笔登记，也可定期汇总登记。

More

企业什么时候需要设置账簿

企业成立之日（即领取营业执照之日）起15个工作日内，必须依照相关规定设置账簿。自扣缴义务发生之日起10日内分税种设置代扣代缴、代收代缴税款账簿。

账簿的错账更正

错账的主要形式表现为有文字上的笔误、数字的错误、计算的差错以及会计确实的错误。常见的账簿记录差错具体有以下几种：重复登记分录、漏记分录、借贷方向记错、数字记错、计算错误等。造成记账错误的原因有多种，但更正错账的方法主要有三种，分别是红字更正法、补充登记法、画线更正法。

红字更正法

红字更正法，是指因记账凭证错误导致登记账簿发生错误时，采用红字冲销原先错误的记账凭证，以更正账簿记录的方法。通常也将这种方法称为红笔订正法或赤字冲转法。更正的方法是，先用红字金额填写一张与原错误凭证内容相同的凭证，并在凭证的摘要栏上注明“更正

小故事

凭证登记案例

某企业生产车间领用一批原材料用于生产，价款总计5 000元。经办人员在填制会计凭证时，误将“生产成本”科目写为“管理费用”，并已登记入账。更正的方法是用红字金额填写与原错误凭证相同的记账凭证，并登记入账。

借：管理费用　　5 000

　贷：原材料　　5 000

再用蓝字填写一张正确的记账凭证，并登记入账

借：生产成本　　5 000

　贷：原材料　　5 000

第 ×× 号错误凭证”字样，用红字登记入账，表示将原来的错误冲销。再用蓝字填写一张正确的记账凭证，登记入账。红字更正法适用于登记入账后，发现记账凭证科目和金额错误的情况。

如果记账凭证借贷科目正确，而金额写大，那么更正时可将比实际金额多了的部分，填写进一张红字金额的记账凭证，并在摘要栏中注明“冲转第 × 号凭证多记数”，并登记入账，冲销原来多写的金额。

补充登记法

补充登记法，是指登记账簿以后，发现记账凭证借贷科目正确，但金额写少了，采用的更正方法。补充登记法的更正方法是，将少记的金额用蓝字或黑字填写一张与原错误凭证内容相同的记账凭证，在凭证摘要栏中注明“补充少记金额”和原错误凭证的号数和日期，并登记入账，以补充登记少记额。

画线更正法

画线更正法，是指在登记账簿过程中，发现数字或文字登记错误，用红字将错误记录划红线注销，并在原错误记录上方填写正确记录的一种方法。

画线更正法的方法，首先是在错误的文字或数字上画一条红色

小故事

画线更正法

会计人员在登记账簿时，误把 5 424 记成 4 524，这种情况应采用划线更正法进行更正。具体操作如下：用红字在填写错误的 4 524 上画一条横线，再将正确的数字 5 424 填写在原错误的上方。修改时必须整列数字修改，不能只改错误的两个数字，修改完后由经办人员签章。

错账更正法的运用

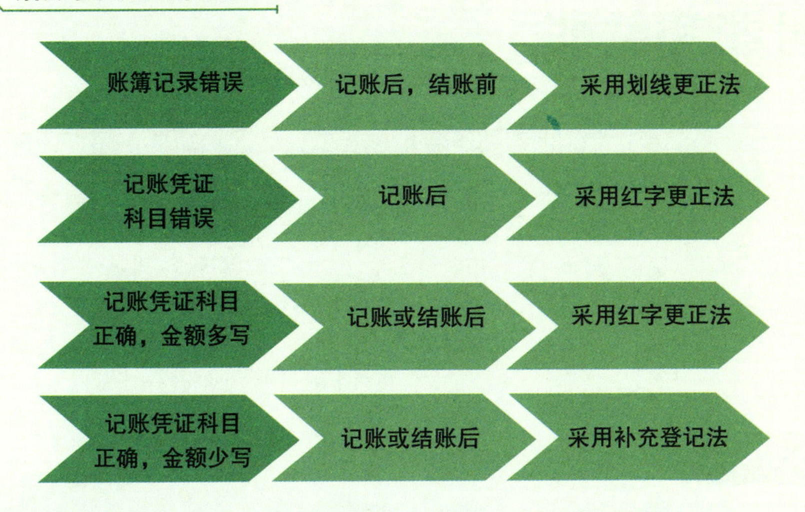

横线，以示注销，然后在画线的上方用蓝色字迹写上正确的文字或数字。需要注意的是，如果是文字错误，只需将错误的文字画销，如果是数字错误，则不能只画掉其中写错的数字，而是要将全部数字画销，再将正确的数字填写在画线的上方。画线时，只画一条横线即可，要保持被画去的字迹仍可清晰辨认。在画线更正后，经办人需在画线的旁边签章，以明确责任。

More

呆账和死账

呆账是应收款项逾期长年没有收回而仍然保持在账上，作为一项资产反映在各年的资产负债表上，而且也没有计提坏账准备的账款。坏账是应收款项因各种原因无法收回，而作为实际发生坏账损失处理。根据规定，在实际发生坏账时，应做好冲减坏账准备并同时核销应收账款。

对账和结账

企业的经济业务是连续不断地进行的，因此，需要每隔一段时间总结企业的经营情况，一般可以以月份、季度、年度为一个结账期。结账是为了考核一个会计期间内的经营成果。结账之前，会计人员需要对账簿记录的财产物资与往来款项等各个账户进行核对，保证会计账簿所记录的内容完整和准确，做到账证相符、账实相符、账账相符。

对账

对账即核对账目。对账的目的是保证账簿记录的正确性，而对账簿中的各种数据进行核对和检查。对账一般在会计期末、结账以前进行，主要是对当期账簿记录的数据与货币资金、往来款项、实物库存等财产物资与相关账户进行核对，做到账证相符、账实相符、账账相符。保证会计资料的内容完整、真实准确，为编制会计报表提供真实可靠的数据。

企业的对账工作每年应至少进行一次，包括日常核对和定期核对。日常核对是指在日常工作中，核对企业凭证及会计分录有无填制错误等。定期核对，一般是在每个会计期间（月末、季末、年末）终了，结账前进行核对，检查是否记账正确、账实相符，以便及时发现错漏并纠正。对账一般要求账证核对、账账核对、账实核对。

账证核对，主要是对各种账簿记录与记账凭证及原始凭证进行核对。检查会计账簿记录与凭证之间的内容、金额、凭证号、借贷方等是否一致。如总账与记账凭证汇总表、记账凭证汇总表与原始凭证之间是否相符。

账账核对，是指对账簿与账簿之间的各种关联数据进行核对。如总账与明细账核对，总账与日记账核对，各种财产物资明细账与财产物资管理部门的账面记录核对。

账实核对，是指对企业各种财产物资的账面数与实存数进行核对。账实核对一般是通过财产清查的方式进行的。如现金日记账的账存数与库存现金的实存数核对，银行存款日记账账存数与银行对账单核对，各种财产物资明细分类账的账存数与实存数核对等。

对账的内容

结账

企业是持续发展的，所以其经济业务也在连续不断的发生。因此，把企业的经营期间分为多个会计期间，如月份、季度、年度，在每一个会计期间结束时，对本期发生的经济业务进行结算，也就是对企业的经营成果进行总结，然后编制会计报表。

日结和月结。在进行日结和月结时，应在本日或本月最后一笔经济业务下面画一条通栏单红线，并在红线下的摘要栏里中注明“本日合计”或“本月合计”以及“本月发生额及余额”字样。另外在借方、贷方和余额栏中，分别结算出本日、本月合计数以及月末余额，然后在这行下面画一条通栏红线，表示本日、本月完结。

季结。季结是在每个季度最后一个月月结下面的一行摘要栏，注明“本季合计”“本季度发生额”“本季余额”字样，并结出借方、贷方本期发生额以及余额。在下一行画一条通栏单红线，表示本季度结束。

年结。一般是在十二月的月结下面，填写本年发生额和年末余额。如期末无余额，则在余额栏填写“平”或“0”符号。在摘要栏中注明“本年合计”或“本年发生额及余额”字样，并结算本期借方、贷方发生额和期末余额；并将借方、贷方结转下年，然后画通栏双红线，表示封账，结束年结工作。

结账的主要程序和内容：

企业在会计期间终了进行结账前，必须将本期所有发生的经济业务全部登记入账。

对于实行责权发生制的企业，需在进行账项调整、账务处理的基础上，进行其他有关转账业务的账务处理，以确定本期的成本、费用、收入和利润。

结账时，应结算出现金日记账、银行存款日记账、总分类账和明细分类账各个账户的本期发生额和期末余额，然后将期末余额结转下期。

结账的程序

第一步：将本期所有发生的各项经济业务全部登记入账

第二步：计算本期的成本、费用、收入和利润

第三步：结算出各账户的本期发生额和期末余额

账簿的保管和更换

账簿是会计档案重要的组成部分，也是重要的经济资料。因此，企业必须按我国会计档案管理办法的规定，妥善保管会计账簿、不得随意销毁或丢失账簿。由于账簿记录着企业重要的经济资料，如债权、债务等，如果遗失或损毁则无法明确经济责任。

账簿的保管

会计账簿的保管，是指要保证会计账簿的安全和完整，而且日后需要查看时能够方便查阅。所以，在每年度结束后，财会人员应将本年度的各种活页账簿装订成册，统一编号，与各种订本账一并归档保管。会计账簿一般由本单位财会部门暂时保管一年，一年期满以后移交本企业档案部门保管，移交时由财务会计部门编制成册。对于存档之后的会计账簿，如需查阅的应提交申请，经会计主管人员批准后，在相关人员陪同下查阅。原则上归档后的会计账簿不得外借。会计账簿保管期满后，方可销毁，销毁时应该按规定的程序提交申请，经批准后，才能进行销毁。

会计账簿的管理一般可分为两个部分，平时管理和归档保管。

平时管理。会计账簿需要有专门人员管理，一般由本企业的财务会计部门负责保管。账簿的管理人员不但要负责记账、对账和结账等工作，还要保证会计账簿的安全，防止账簿被遗失、被涂改，并保证其完整性。

归档保管。会计账簿归档保管是指在年度终了，并更换新账簿后，对旧的账簿进行整理，如检查账簿、修改改错、签章、注销空行或空页、结转本期余额以及其他相关手续。活页账式账簿归档时，应将空白的账页撤出，按账户的分类装订成册，如业务较多的企业装订时一册装不完可装订成多册。另外，装订的过程中应注意检查账簿扉页需要填写的内容，是否填写齐全。装订完成后写上编码，由会计主管人员在封口处签章。档案由单位财会部门保管一年。期满后，编写移交清单，转交档案部门保管。

账簿的管理方法

账簿的平时管理

★ 由专门人员管理，并保证账簿的安全和完整

账簿归档保管

★ 更换新账簿，并将旧账簿装订成册归档保管

会计账簿的保存

不同的会计账簿，其保管的期限也不同，通常比较重要的账簿的保管年限会相对长一些，如银行存款日记账和现金日记账以及其他记录重要事项的账簿。其他账簿的保管年限则相对短一些，如总分类账、明细分类账等。根据我国《会计档案管理办法》的规定，企业的总分类账簿、明细分类账簿、备查账簿、日记账均应保存 15 年。其中，现金存款日记账和银行存款日记账要保存 25 年，涉外和对私改造账簿应永久保存。

账簿的更换

每个会计年度结束后，企业应按规定更换新的账簿，即把上一年度的账簿整理归档，并启用新的会计账簿。更换的方法是将账簿本年有余额的账户，在摘要栏中注明“结转下年”字样，并将各账户的借方余额

会计账簿的保存年限

账簿种类	按规定保存年限
总账	15年
明细账	15年
日记账	15年
现金、银行存款日记账	25年
备查账簿	15年
涉外和对私改造账簿	永久

和贷方余额分别过入新账簿中相应账户的借方和贷方，并在摘要栏中注明“上年结转”字样。

一般来说，会计账簿需要每年更换一次，但对于一些债权债务明细账、备查账簿以及财务物资明细账等记录内容较多的账簿，可以不用每年更换。因为，如果更换则需要把所有内容重新抄写在新的账簿上，比较麻烦且耗费时间。所以，可以连续使用，年终时，只需在上年终了的下面画双线，表示上年度结束，双线下面接着登记下一年的信息即可。而总分类账簿，现金日记账、银行存款日记账等大多数明细分类账簿应每年更换账簿。

More

账簿销毁

会计账簿保管期满销毁时，应由档案保管部门提交销毁意见，经确认可以销毁后，编造销毁清册，由企业负责人签署意见之后，才能进行销毁，并由档案保管部门、财务部门和有关部门共同监督销毁。

第10章

出纳必知的日常技巧

会计的日常工作内容和任务主要包括货币资金核算、往来结算、工资核算、货币资金收支的监督等，但是不同的企业具有不同的制度与流程，相应的出纳人员的工作内容也就各不相同。尽管如此，有关出纳的常见技巧还是在各企业中通用的。

本章教你：

▶出纳人员手写需要注意哪些技巧？

▶如何鉴别人民币？

▶出纳人员如何进行工作对接？

三天学会珠算

珠算，顾名思义，就是运用算珠进行计算。换句话说，就是有了算珠就可以运算。最早的珠算只是单一地进行数量计算，而当代的珠算是把算珠移到大脑中进行脑运算，这种运算方式对于出纳人员来说，也是一项必备的常识。

珠算概述

依靠算珠在算盘上对数量进行计算的行为就是珠算，也叫纯珠算；把算珠移到大脑中进行数量计算的行为称为脑珠算；运用算珠在心中对数量进行计算的行为称为珠心算。其实，心算、珠心算、脑珠算等属于算珠的载体，都可以称为珠算。也就是说，心算、珠心算、脑珠算等都是珠算功能和方式上的延伸。因此，任何时候，珠算的名称都不会过时。

珠算的概念

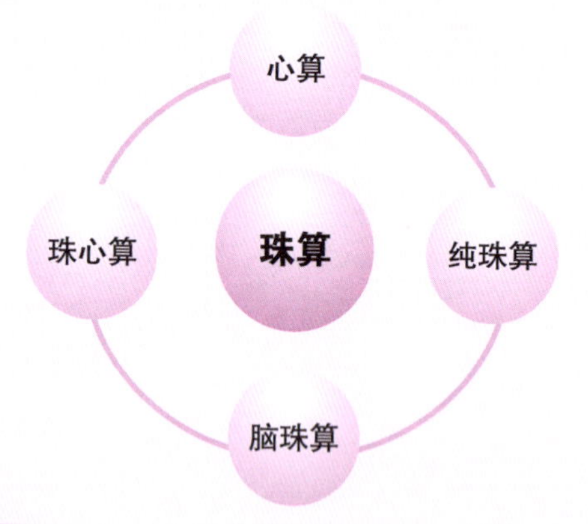

珠算的特点

珠算运算不同于其他计算方法，只有认识了珠算自身的特殊性，才能把珠算用得游刃有余。其主要特点如下：

Easy-going

珠心算是将数值在脑海中变成算盘上的算珠进行计算的一种方法，又称珠算式心算或珠脑速算，它是在珠算的基础上发展而成的。

（1）以算珠靠梁表示记数开始。每颗上珠当作是五，每颗下珠当作是一，空档表示零。以档表示数位，高位在左，低位在右。

（2）在置数前，算盘上不能有任何算珠靠梁。置数时，应先由高到低（从左向右）定位，将预定数字按位逐档拨珠靠梁。

（3）珠算加减从左向右进行，可边看边打，在被加数（被减数）上连加（连减）几个数，盘面就会显示结果。

（4）乘除运算在算盘上使用大九九口诀的加减运算。

（5）珠算计算采用“五升十进制”。“五升十进制”是珠算运算中的一个规则，由于一颗上珠当做五，当下珠满五时，需用同档的一颗上珠来代替，称为五升。当一档数满十向左档进一，称为十进。

珠算基本加减法

传统加减法是通过口诀进行计算的，而珠算加减法依据“五升十进制”原理，通过对5与10两数的分解和合成，利用“凑数”与“补数”进行计算。

凑数（1+4=5，2+3=5，3+2 = 5，4+1 = 5）

补数（1+9=10，2+8=10，3+7=10，4+6=10，5+5=10，6+4=10，7+3=10，8+2=10，9+1=10）

珠算基本加减的简捷算法有一目三行法和倒减法，其中一目三行法又分一目三行直接加减法与一目三行正负抵消法。

在竖式加减法运算中，用心算求出三行相同位数上的代数和，然后拨入对应档位的运算方法便是一目三行直接加减法；一目三行正负抵消法是在竖式加减混合运算中，用心算求出三行相同位数上的代数和（正数、负数之间相抵消），然后拨入对应档位的运算方法。

倒减法的运算也分两种情况，即有借有还与有借无还。有借有还需要牢记虚借的档位，根据“有借有还得数实，照抄得数为正值”的法则，随借随还；有借无还需注意个位档要抄的补数，以“有借无还得数虚，抄下外珠为负值”的法则为依据。

珠算基本乘法

按不同的分类方法，珠算乘法可分为置数乘法、空盘乘法、前乘法、后乘法、隔位乘法、不隔位乘法等，其中最简单易学的便是空盘前乘法。“空盘”是指被乘数和乘数在算盘中不存在，而把两者的乘积直接拨在算盘上；“前乘”是指乘数首先同被乘数的首位相乘，再自左向右逐位相乘，直至乘完为止。

空盘前乘法的必备要素：

1．必须使用大九九口诀

大九九口诀：大数在前小数在后，【例】9×2=18，8×7=56；

小九九口诀：小数在前大数在后，【例】2×9=18，7×8=56。

传统加减法口诀

加法口诀表

不进位的加		进位的加	
直加	满五加	进十加	破五进十加
一上一	一下五去四	一去九进一	
二上二	二下五去三	二去八进一	
三上三	三下五去二	三去七进一	
四上四	四下五去一	四去六进一	
五上五		五去五进一	
六上六		六去四进一	六上一去五进一
七上七		七去三进一	七上二去五进一
八上八		八去二进一	八上三去五进一
九上九		九去一进一	九上四去五进一

减法口诀表

不退位的减		退位的减	
直减	破五减	退位减	退十补五的减
一下一	一上四去五	一退一还九	
二下二	二上三去五	二退一还八	
三下三	三上二去五	三退一还七	
四下四	四上一去五	四退一还六	
五下五		五退一还五	
六下六		六退一还四	六退一还五去一
七下七		七退一还三	七退一还五去二
八下八		八退一还二	八退一还五去三
九下九		九退一还一	九退一还五去四

2．单积必须使用两位数记积法

“单积”：两个 1 位数相乘所得的积即单积，【例】3×5=15，15 即为单积。

“两位数记积法”：每两个 1 位数相乘的积必须是两位数，没有数都要用 0 补齐。【例】6×4=24，1×5=05，3×0=00。

大九九口诀一律四字一句，有利于记忆，也利于避免错位。

珠算基本除法

乘法的逆运算便是除法，算式为：被除数 ÷ 除数 = 商数。珠算除法有归除法、扒皮除法、加减代除法、商除法等，其中商除法与笔算法基本相同。

商除法的基本方法：

第一步：布数——把被除数拨上盘；

第二步：估商——用乘法口诀逆推估商；

第三步：置商——够除隔位置商；不够除挨位置商；

第四步：减积——从商的右一档起，减去商 × 除数的积。

More

补商与退商

在多位数除法运算过程中，有时因估商偏小，乘减后余数仍大于或等于除数，这时不必重新计算，可用补商的方法来调整商数。

方法：在原试商档加上少商的数。如在商档上补加 1 就从余数中减去一个除数，若在商档上补加 2，就从余数中减去 2 倍除数。

在多位数除法运算过程中，有时因估商偏大，乘减几个单积后才发现不够减，而清盘重来浪费时间，有一个弥补的方法，既可解决问题，又可节约时间，这就是退商。

阿拉伯数字与支票的填制

支票，是现在最常用的支付资金方式。很多公司和企业通常以这种方式支付工资或充当备用金。而支票的正确填写，是保证资金正常流转的前提。

阿拉伯数字的填制

依据财政部制定的会计基础工作规范的要求，填制会计凭证，字迹必须清晰、工整，并符合下列要求：

（1）阿拉伯数字应一个一个地写，不得连笔写。阿拉伯数字金额前应当书写货币币种符号（如人民币符号“¥”）或者货币名称的简写和币种符号。

（2）币种符号与阿拉伯数字金额之间不得留有空白。凡在阿拉伯

小故事

阿拉伯数字的由来

约公元 300 年，印度一位科学家发明了 1、2、3 这三个阿拉伯数字，印度古鳊人在这个基础上发明了其他 4、5、6、7、8、9、0 七个数字。公元 771 年，阿拉伯军队攻占了印度北部，将一些科学家带入巴格达，从此阿拉伯人掌握了 0、1、2、3、4、5、6、7、8、9 这十个数字，并通过贸易将之传到了西班牙和西欧各地，进而在整个世界流传。

因为是阿拉伯人将 0、1、2、3、4、5、6、7、8、9 这十个数字推广开来的，所以人们习惯称之为阿拉伯数字。

阿拉伯小写数字金额中有“0”时的填写要求

类别	填写要求	举例说明
阿拉伯数字中间有“0”	中文大写金额要写“零”时	如¥101.50，应写成人民币壹佰零壹元伍角整
阿拉伯数字金额中间连续有几个“0”	汉字大写金额中可以只写一个“零”字	如¥1 004.56，应写成人民币壹仟零肆元伍角陆分
阿拉伯数字金额元位为“0”，或数字中间连续有几个“0”，元位也是“0”，但角位不是“0”	汉字大写金额可只写一个“零”字，也可不写“零”字	如¥1 680.32，汉字大写应写成人民币壹仟陆佰捌拾元叁角贰分
阿拉伯数字金额角位是“0”而分位不是“0”	汉字大写金额“元”后面应写“零”字	如¥16 409.02，汉字大写应写成人民币壹万陆仟肆佰零玖元零贰分

数字金额前面写有币种符号的，数字后面不再写货币单位（如人民币“元”）。

（3）所有以元为单位（其他货币种类为货币基本单位，下同）的阿拉伯数字，除表示单价等情况外，一律在元位小数点后填写到角分，无角分的，角分位可写“00”或符号“-”，有角无分的，分位应写“0”，不得用符号“-”代替。

Easy-going

书写每个数字要排列有序，并且数字要有一定倾斜度，各数字的倾斜度要一致。出纳人员要保持个人的独特字体和书写特色，以防别人模仿或涂改。

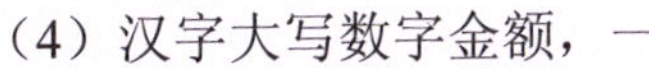

（4）汉字大写数字金额，一律用正楷或行书书写，如零、壹、贰、叁、肆、伍、陆、柒、捌、玖、拾、佰、仟、万、亿等易于辨认不易涂改的字样，不得用0、一、二、

三、四、五、六、七、八、九、十或简化字代替。

零	壹	贰	叁	肆	伍	陆	柒	捌	玖	拾	佰	仟	万	亿

（5）大写数字金额到元或角为止的，在“元”或“角”之后应写“整”或“正”字；大写数字金额有分的，“分”字后面不写“整”字。

（6）大写数字金额前未印有货币名称的，应当加填货币名称（如“人民币”三字），货币名称与数字金额之间不得留有空白。

支票的填制

填制支票所涉及的内容有：运用支票所进行的经济事项必须有“支票”字样；要有付款银行的名字；有出票人的签字；有出票、付款的日

支票收款人的填写方法

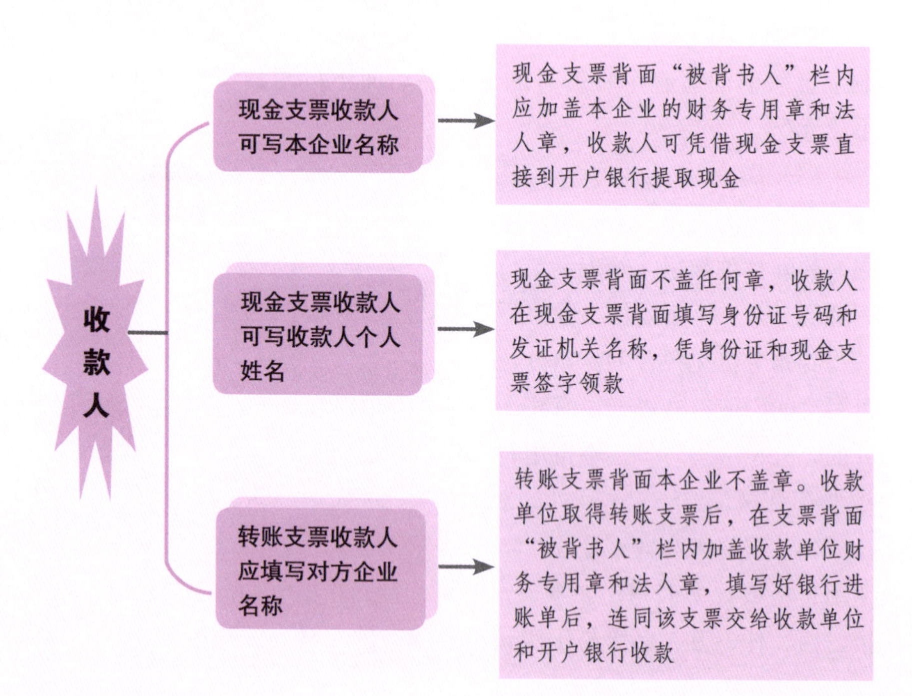

期及地点；有金额的数量；有收款人或是其指定人；需标明“即期”字样，否则将视为见票即付。

支票填写常识有：

（1）支票正面不能有涂改过的痕迹，否则视为作废。

（2）支票人若发现支票内容填写不完整，可以对其进行补记，但不能涂改。

（3）支票的有效期为10天，日期首尾算一天，节假日顺延。

Easy-going

支票正面盖财务专用章和法人章，缺一不可，而且要求红色的印泥，印章清晰。如果印章不清晰则看作支票作废，重新换空白支票填写。

（4）支票见票即付，不记名。

（5）出票单位现金支票背面的印章如果模糊不清，可把其打叉，在旁边重新再盖。

（6）若收款单位转账支票背面的印章模糊（根据票据法的规定是不能重新盖章进行补救的），收款单位可带转账支票及银行进账单到出票企业的开户银行去办理收款手续（不用付手续费），无须到出票企业重新开支票。

More

日期的大写要求

中国人民银行发布的《支付结算办法》规定的票据日期填写要求如下：

1. 票据的出票日期必须使用中文大写。

2. 为防止伪造票据的出票日期，在填写月、日时，月为壹、贰和壹拾的，日为壹至玖和壹拾、贰拾和叁拾的，应在其前加“零”。

3. 日为拾壹至拾玖的，应在其前加“壹”。如1月15日，应写成零壹月壹拾伍日；再如10月20日，应写成零壹拾月零贰拾日。

提高记忆力

人的大脑就像一个巨大的储藏室，每天接收各种各样的海量信息，大脑按照重要程度把这些信息加以分类和管理，分别放在不同的区域，所以大脑是记忆的“管理员”。心理学上，记忆是人类心智活动的一种，记忆代表着一个人的过去，曾经的活动、感受、经验、印象等信息在大脑中存起来，经过一定的积累就形成了记忆。

记忆的作用及类型

记忆，顾名思义，就是过去的经验、事情等在大脑中的反应。记忆的基本过程有四点，即识记、保持、再现和回忆，其记忆形式有形象记忆、概念记忆、逻辑记忆、情绪记忆、运动记忆等。

记忆的类型

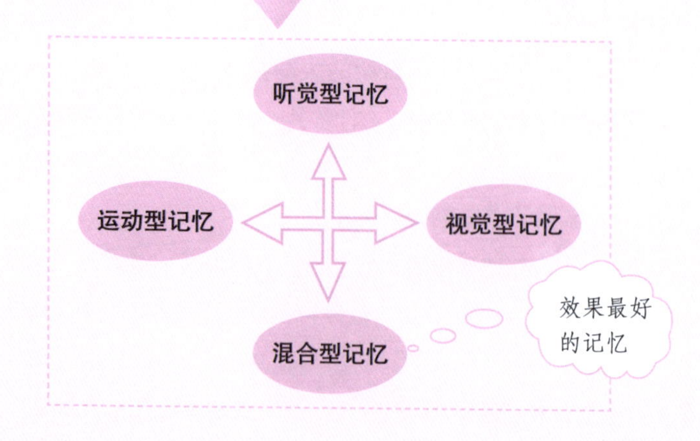

小故事

账房记忆

我国古代的建筑都是木石结构的，所以很容易发生火灾，而对一些大型商号来说，如果账房发生火灾，那就是“末日来临”。因此，一些大型的商号会雇请一位老账房，让他专门记忆账簿，一旦发生火灾，就由这位老账房默写出去年甚至几年前的账簿。历史上，山西晋商中有很多商家都运用这种“大脑储存”法挽回自己因火灾造成的大部分损失。

对于出纳人员来说，保持持久的记忆非常重要。而记忆如同人的性格，也分为很多类型。

提高记忆力的方法

1．集中注意力

只有全神贯注、聚精会神地记忆，才不会受到外界因素的影响，大脑皮层才会留下深刻的记忆痕迹而不容易遗忘。若是一心二用，记忆的效率自然会大打折扣。

2．培养兴趣

兴趣是最好的老师，若对工作、材料不感兴趣，或是觉得其枯燥无味，那么即使花再多的时间，也无法让记忆力得到提高。

3．理解记忆

理解是记忆的基础，只有理解的东西才能记得牢、记得久。对于工作范畴的事项或学习的材料，越是死记硬背越是达不到良好记忆的效果。

4．过度学习

过度学习就是对工作内容、学习材料在已经记忆的基础上反复记忆，尽量达到熟记、牢记的程度。

5. 及时复习

遗忘的速度是先快后慢的，对刚过手的材料或学过的知识要及时复习巩固，这是强化记忆痕迹、防止遗忘的有效手段。

6. 时常回忆

平时对所记忆的内容不断进行尝试回忆，可使记忆有错误的地方得到纠正，遗漏得到弥补，记得更牢。闲暇时经常回忆过去识记的对象，也能避免遗忘。

7. 视听结合

视听结合是指充分调动自身的器官，同时利用语言功能和视听觉器官的功能，来强化记忆，提高记忆效率。

8. 多种手段

根据情况，灵活运用分类记忆、图表记忆、缩短记忆及编提纲、做笔记、做卡片等记忆方法，达到增强记忆力的效果。

9. 最佳时间

最佳的记忆时间一般在上午 9～11 时，下午 3～4 时，晚上 7～10 时，在这段时间内学习，记忆效果会大大提高。

10. 科学用脑

在保证营养、按时休息、进行体育锻炼等保养大脑的基础上，要科学用脑，不要过度疲劳，否则会适得其反。平时保持积极乐观的情绪，能大大提高大脑的工作效率，这也是提高记忆力的关键。

记忆的规律

我们周围的声音、光、气味、颜色等难以计数的事物，经过刺激大脑，瞬间的记忆会被保留在大脑中，但时间一般不会超过 4 秒钟，心理学将这种现象叫做瞬时记忆。瞬时记忆只是一个

Easy-going

记忆的大敌是遗忘。提高记忆力，实质就是尽量避免和克服遗忘。在学习活动中只要进行有意识的锻炼，掌握记忆规律和方法，就能改善和提高记忆力。

很短的过程，稍不注意就会消失，视觉后像就属于瞬时记忆。

如果记忆保存在20秒左右就变成了短时记忆，短时记忆的信息是正在加工的信息，通常处于瞬时记忆和长时记忆之间，是对瞬时记忆的保存，长时记忆的提取。我们在会议上所用的边听边记就属于短时记忆。短时记忆保存时间不久，也容易遗忘。比如，我们打电话需要查电话簿，刚一打完电话，刚才所记的电话号码就会遗忘。

如果记忆时间保持在60秒以上，就变成了长时记忆，长时记忆是对短时记忆的重复加工。比如，小时候骑自行车，记忆如何保持平衡、如何刹车、如何下车等这些动作都属于长时记忆。长时记忆的特点是储存时间较长，受干扰程度较小，可随时提取。

瞬时记忆、短时记忆、长时记忆的关系是：外界环境刺激产生瞬时记忆，丧失一部分信息后若受到大脑的注意就会转化为短时记忆，短时记忆再丧失一部分，若得到大脑的及时复述就会转入长时记忆。

记忆储存模式

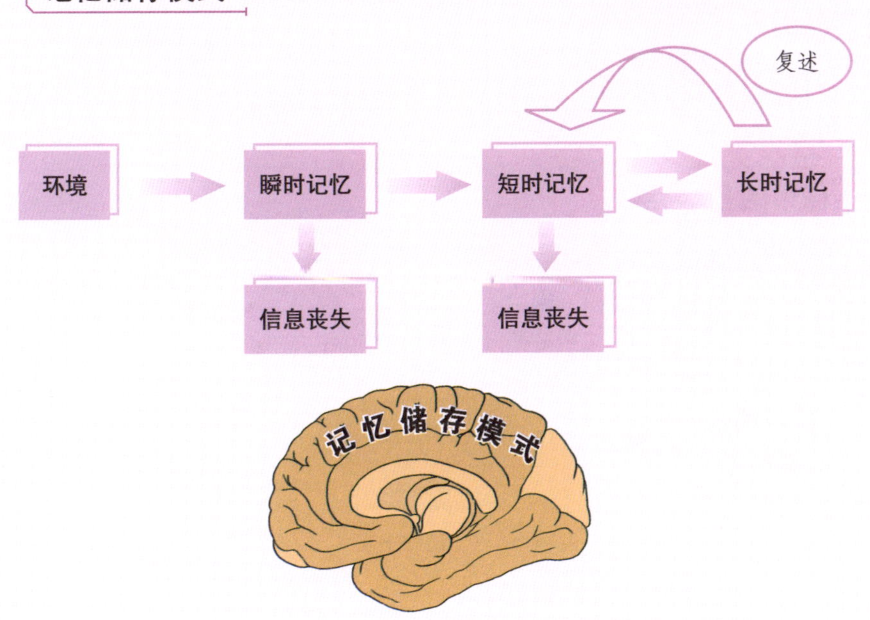

人民币的鉴别和点算

出纳负责企业现金的收支工作，常常要和货币资金打交道，我国的财务工作中通用的货币是人民币，出纳人员需要认真辨别所经手的人民币的真假好坏，才能避免企业经济遭受损失，保证财务工作的顺利进行。

假币的识别

假币是不法分子利用各种技术手段仿照真实货币制造的，是不具有经济价值的虚假货币。根据伪造手段的不同，假币通常有两种基本类型：伪造币和变造币。伪造币是采用真实纸币的用纸、图案、水印和安全线等构成要素，利用科技手段和设备，进行纸币仿照制作；变造币是利用科技手段和方法，对真实纸币进行再加工处理，通过改变其原有形态，使其价值得到提升。

一、辨识真假纸币的方法

直观法：检查人民币表面图案。真币双面图案层次清晰、立体感

假币的基本类型

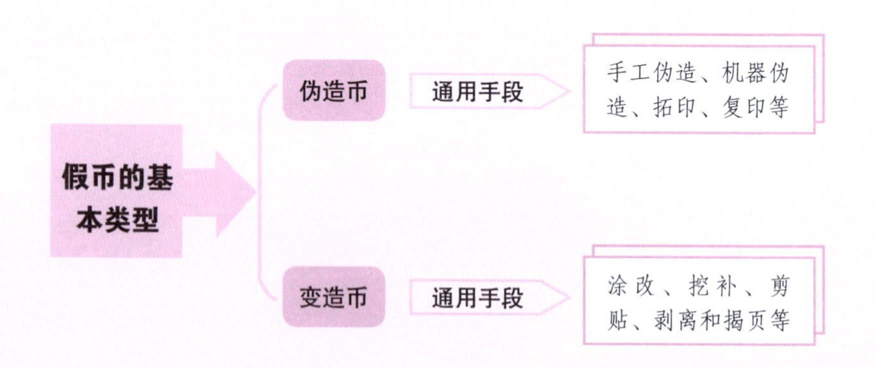

强、色彩丰富流畅、画面布局合理；假币的图案容易模糊不清、色彩与真币有明显偏差、结构错位或者花纹不够流畅。

手摸法：检查纸币凹印技术。真币在人物、国徽、字体、盲点等部分会采用凹版印刷技术，所以手指触摸真币表面，会有凹凸感；假币多是直接印刷而成，表面平滑，没有立体感。

质感法：检查人民币的纸质。真币用纸的主要成分是棉短绒和高质量木浆，纸质坚韧耐磨，抖动时声音脆响；假币纸质绵软易断，抖动时声音沉闷。

人民币的收付流程

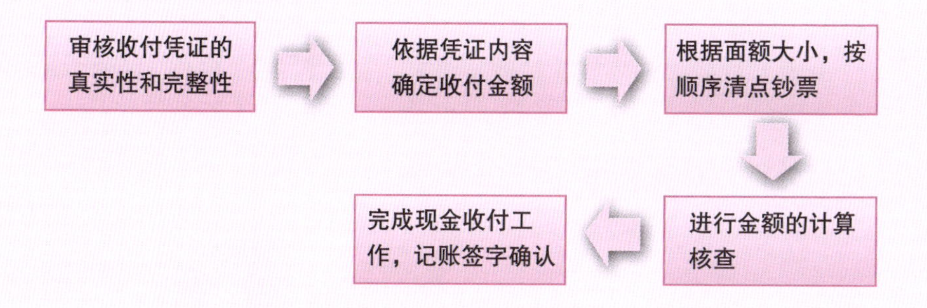

透视法：检查纸币水印。水印是使用特殊的工艺制成的货币暗记。真币在阳光下透视时，水印清晰可见，层次清晰；假币在透视时没有水印或者水印不够清晰，缺少层次和立体感。

机检法：使用专业的人民币鉴定工具进行辨别，主要检查人民币在紫外线光源下的荧光油墨反应。

二、辨别真假硬币的方法

称重法：我国流通的硬币有标准重量，可以通过称重或掂重来进行真假硬币的鉴别。

尺量法：真硬币的直径、厚度、锯齿都有标准计量，出现尺寸规格差错的硬币很可能是假币。

货币的整理清点技能

出纳人员每天都会经手大量的货币钞票，所以，具备优秀的整理清点钞票的技能就显得非常重要。

一、货币的整理和挑选

出纳人员在接手货币之后，要先按硬币和纸币进行分类，然后按照不同的面额值区分，码齐硬币，铺平纸币。整理货币时，如果发现有污损或破裂的货币，要挑选出来，能够弥合修整的要仔细修整完全，无法自行修整的货币要送交银行进行处理。如果发现假币或无法辨别真假的货币，也要及时挑选出来，再做处理。

二、钞票的清点工作

挑选整理好钞票之后，出纳人员要清点数量，然后计算金额，出具正确的收付款单据。

出纳人员最基本的职业技能是手工点钞，常用的手工点钞的方法

如何处理残缺人民币

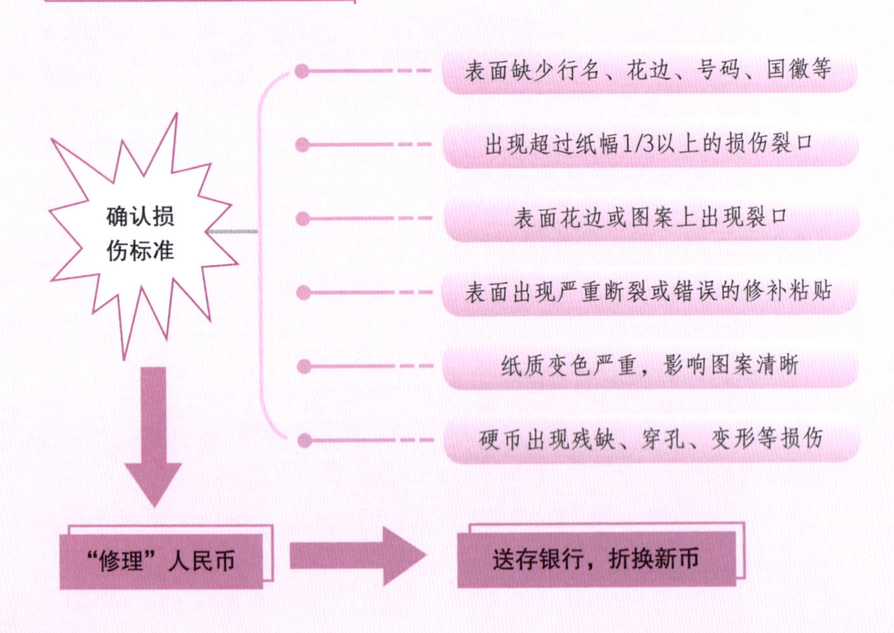

有六种：手持式单指单张点钞法、手持式单指多张点钞法、手持式四指拨动点钞法、手持式五指拨动点钞法、手按式单张点钞法、手按式双张点钞法等。

点钞时要注意姿势，上身挺直，双肘放在桌面，眼睛和钞票保持一定距离。

以手持式单指单张点钞法为例，点钞的过程可以分为以下四个步骤：

第一步，持钞。将钞票理齐，正面向上横放在面前。左手手心向下平放，中指和无名指自然分开，将钞票竖起从左侧夹住，食指和中指在钞票正面，无名指和小拇指在钞票背面，四指自然弯曲。

第二步，打扇面。左手拇指按压在钞票下端侧面三分之一处，向上翻转推送，将钞票推开约 70° 的扇面。拇指上移，保持与钞票成 45° ，将钞票弯压成瓦形。食指伸直，和拇指一起撑住钞票。

第三步，捻点。将左手所持钞票的扇面对着胸前，右手拇指和食指沾湿，食指贴在扇面背面上部外侧边缘，进行支撑固定。拇指按在钞票正面右下角，点钞时要使用拇指指尖部位，拇指和食指配合捻动。每捻过一张，右手无名指则将捻过的钞票弹拨一次。捻钞过程中，左手拇指也要配合右手动作，进行推放。

第四步，记数。捻钞的同时进行记数，记数需要心计，不要口读出声，避免造成干扰。

三、硬币的清点工作

清点硬币前，要将硬币按照不同的面额分类码排整理，然后将硬币从右向左依次分垛进行清点，一般一垛为五枚或十枚硬币，清点过程中要进行记数，清点完成后再计算总价值金额。

出纳工作的交接

任何工作都离不开交接这一环节，出纳也一样。本节所讲的便是有关出纳交接工作的内容，比如交接工作中应交接什么、如何交接等问题。

交接前的准备工作

为了保证交接工作的顺利进行，出纳人员在办理相关交接手续之前，应做好以下准备工作。

（1）将出纳账目登记完整，登记终了，在最后一笔余额后要加盖名章。

（2）出纳账与现金、银行存款总账一一查对，现金账面余额与实际库存现金查对要相符，银行存款账面余额与银行对账单查对要正确无误。

（3）在出纳账启用表上填写移交日期，并加盖名章。

（4）整理应移交的各种资料，对未了事项要写出版面说明，以便接交人明了并完成。

（5）填写“移交清册”，要填写明确移交的账簿、凭证、现金、有价证券、支票簿、文件资料、印鉴和其他物品的具体名称及数量。

除此之外，若单位实行的是会计电算化，那么负责该项的出纳人员需在移交清册中详细列出会计软件及密码、有关数据磁盘（磁带）等资料、实物内容。

出纳交接的过程

在出纳工作的交接过程中，移交人要在规定的时间内向接交人交接清楚。交接手续的办理，通常由单位领导监督进行，主要负责监督双方是否履行交接规定，并协调双方交接工作。

出纳移交清册

出纳移交清册

因工作需要，经研究决定，原出纳员×××同志将出纳工作移交给×××同志接管，现办理如下交接：

一、交接日期：2010年5月16日营业前

二、具体业务的移交

1. 库存现金(1 011余额)：5月15日扎账后报表账面余额为:707 907.45元（人民币柒拾万柒仟玖佰零柒元肆角伍分），账实相符；2. ×××镇×××村×××组×××质押存单20 000元(贰万元整)。

三、移交的各登记簿和账簿：

1. 出纳短期移交登记簿一本；2. 本年度1月1日至5月15日现金台账。

四、业务章、印鉴章：

1. 现金收讫章壹枚；2. 现金付讫章壹枚；3. 业务专用章壹枚；4.“假币”印章壹枚；5. ×××印鉴章壹枚；6. ×××印鉴章壹枚。

五、交接前后工作责任的划分：2010年5月16日前的出纳责任事项由×××同志负责；2010年5月16日起的出纳工作由×××同志负责。以上移交事项均经交接双方认定无误。

六、本交接书一式三份，双方各执一份，存档一份。

移交人：

接管人：　　　　XXX（公章）

监交人：　　　　2010年5月16日

移交人在办理移交手续过程中，要按照移交清册逐项进行移交，接交人要认真按照移交清册进行核对及点收。

因各企业的具体情况不同，所以出纳人员对接过程中的具体内容也不会完全相同。但是大体上，出纳人员的交接内容都包括以下几个方面。

（1）现金、有价证券要根据出纳账和备查账簿余额核对点收。接交人发现分歧时，移交人必须查清。

（2）出纳账以及别的会计资料必须保证完整完好，不得有遗漏。如有短缺，由移交人查明缘故原因，在移交清册中进行书面交接，注明由移交人负责。

（3）接交人应仔细核查出纳账与总账、出纳账与库存现金和银行

对账单的余额是否符合，如有不符，应由移交人查明事情缘由，在移交时书面注明，并接受相关的处置惩罚。

（4）接交人要严格按移交清册点收公章(主要包括财务专用章、支票专用章和领导人名章)和别的实物。

（5）接交人接收后，应在出纳账启用表上填写确认接收，并签名加

银行存款余额调节表

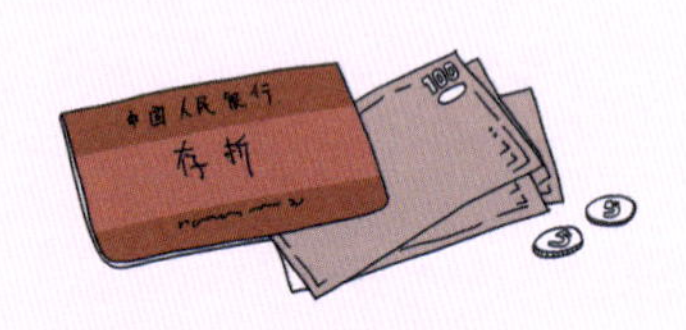

年 月 日

单位：

开户银行：　　银行账号：　　金额单位：　　币种：

项目	金额	备注
银行对账单余额		
加：项目单位已收，银行尚未入账金额		
其中:1.		
2.		
减：项目单位已付，银行尚未入账金额		
其中:1.		
2.		
调整后银行对账单金额		
项目单位银行日记账余额		
加:银行已收，项目单位未入账金额		
其中：1.利息收入		
2.		
减：银行已付，项目单位尚未入账金额		
其中:1.		
2.		
调整后项目单位银行存款日记账余额		
经办会计（签字）：	会计主管（签字）：	
调整分录：	情况说明：	

审计人员：　　审计日期：　　复核人员：　　复核日期：

盖印章。

交接结束的后续工作

（1）交接终了后，交、接、监三方要在移交册上签名或盖印。

（2）移交清册必须具备以下明细：单位称号、交接日期、交接双方和监交人的职务及姓名，以及移交清册页数、份数和其他必要说明的存在的问题或相关意见。

Easy-going

出纳员必须在划定的期限内，向接交人员移交清楚明了。接交人员应仔细按移交清册当面一一清点接收。

（3）移交清册通常一式三份，交接双方各执一份，另一份存档保存。

（4）交接结束后，接管的出纳人员需及时到银行办理更换出纳员印鉴的手续，并检查保险柜是否能够正常使用，保管现金、证券、物品、印章等的条件是否妥善、安全，如有漏洞，接管的出纳员应立即采取改善措施。

（5）接管的出纳员需继续使用移交的账簿，以确保账簿记录的连续性。包括移交的银行存折与未使用的支票，接管的出纳员也需继续使用，不要搁置或扔掉，以免让单位遭受损失。

More

出纳交接的相关责任

移交人对自己已经移交的资料的合法性、真实性承担法律责任，不能因为资料已经移交而推脱责任。

如发现移交人在交接前经办的出纳业务有违反财务会计制度和财经纪律的，仍应由移交人负责；交接后，移交前的未了事项，移交人仍有责任协助接交人办理。